Zillow의 CEO가 밝히는
빅데이터 기반 부동산 투자

미국 1위 프롭테크 기업,

# 질로우 토크
## Zillow Talk

Spencer Rascoff · Stan Humphries │ **오성범** 번역 │ **오민경** 감수

박영사

# 역자 서문:
# 감정평가사가 질로우를 공부하는 이유

Zillow는 '미국 부동산 업계의 아마존' 혹은 '세계 프롭테크 기업의 롤모델'로 불린다. Zillow는 각 주에서 별도로 관리하던 미국의 주택정보를 통합해, 시세추정, 매물정보, 담보대출, 리모델링에 이르는 다양한 서비스를 제공하며 부동산 시장의 생태계를 장악해 가고 있다. 미국인 10명 중 1명이 매일 Zillow 웹사이트를 방문하는데, 당장 집을 사거나 렌트할 일이 없는 사람들도 재미로 Zillow 웹사이트를 이용하고 있어 'Zillow Scroller'라는 신조어가 있을 정도이다.

Zillow가 성공할 수 있었던 배경에는 'Zestimate'라는 시세추정시스템이 있다. Zestimate는 이용자가 검색한 주택의 적정 매매가와 임대료를 산정해 제공하는데, 이 추정시세는 전국 모든 주택을 대상으로 매일 계산되기 때문에 마치 주식가격처럼 시기별 변동추이까지 확인할 수 있다. Zestimate에는 주택가격에 영향을 미치는 수백 가지의 요인이 반영되어 있는데, 각 지역의 특성을 반영하기 위해 요인별 가중치를 달리해 적용하며, 지역별 모델은 약 120만 개에 달한다.

〈Zillow Talk〉에서 Zillow의 두 창업자는, Zestimate의 통계적 추정치를 활용해 주택가격에 영향을 미치는 요인을 추리하고 부동산 거래의 관행과 통념을 실증한다. 주식이 나을까 부동산이 나을까, 지금 집을 사야 할까 기다려야 할까, 어느 지역의 집을 사야 할까, 어떻게 하면 싸게 사고 비싸게 팔 수 있을까, 이역만리 사람들의 고민도 우리와 별반 다르지 않았다.

글로벌 IT 강국인 한국에도 Zestimate 같은 부동산 시세추정 서비스가 등장하고 있으며, '랜드바이저' 역시 그중 하나이다. 한국 주택시장은 미국과 달리 단독주택이 아닌 공동주택 중심으로 발달해왔고, 평형과 평면이 일정한 공동주택의 특성상 시세추정이 비교적 용이했다. 하지만 여전히 나홀로아파트, 연립·다세대주택, 단독주택을 비롯해 토지, 상가, 공장, 빌딩, 호텔 등에 대한 시세정보는 부족하다. 랜드바이저는 공동주택뿐만 아니라 전국 모든 종류의 부동산에 대한 시세추정을 경쟁력으로 2021년 7월 론칭했고, 현재 서비스 중이다.

요즘 회자되는 '프롭테크'는 새로운 산업이라기보다 기존 산업의 패러다임 변화에 가까우며, 구체적으로 테크기업과 부동산기업 사이에서 일어나는 일종의 삼투 과정이라고 생각한다. 각 기업의 농도와 압력에 따라 헤게모니는 달라질 수 있겠지만, 그 결과만큼은 '테크를 활용한 더 나은 부동산 서비스'라는 점에서 동일하다. 역자는 한 명의 감정평가사로서, 감정평가산업이 강한 삼투압으로 테크를 흡수해 경쟁력과 공정성이라는 우리 산업의 가치를 지켜내기를 바란다. 이것이 감정평가사가 질로우를 공부하는 이유이다.

# 감수자 서문

몇 년 전, 미국 소재 부동산의 가격 수준을 조사하는 업무를 진행하면서 자연스럽게 Zillow.com을 알게 되었다. 당시에는 여러 부동산 웹서비스 중 하나라고 생각했었지만, 그 이후 미국 친구들로부터 집을 사거나 팔 때 Zillow.com과 Zestimate를 주로 이용하고 있다는 사실을 알게 되었다.

Zestimate는 생소한 단어였다. 마치 Googling처럼, Zillow에서 개발한 부동산 자동가격산정 모형의 이름이 하나의 고유명사가 되어 있었던 것이다. 미국 감정평가업계에서는 Zillow.com의 성장세와 Zestimate 추정시세의 대중성에 대해 우려를 나타내기 시작했고, 급기야 일정 지역의 Zestimate 추정치와 감정평가액을 비교분석한 결과를 제시하기도 했다. 결론은 감정평가액이 보다 정확하다는 것이었지만, 외부에서는 왜 이러한 비교분석이 필요한 것인지 의아해했다. 그만큼 감정평가 업계에서도 자동가격산정모형과 그에 따른 사회경제적인 영향력을 무시할 수 없다는 것을 인정한 셈이다.

이후 한국의 한 프롭테크 스타트업의 젊고 패기 넘치는 대표를 만나 대화를 나눈 적이 있다. 그는 한국의 Zillow가 되는 것이 사업의 목표라고 말했다. 매우 인상적이었고, 진심으로 그의 목표를 응원한다. Zillow는 한국에서도 관심을 받고 있으며 이미 상당한 영향력을 발휘하고 있다. 이번 번역의 원서인 〈Zillow Talk: The New Rules of Real Estate〉를 처음 접했을 때도, 데이터의 방대함과 이를 이용한 부가가치의 창출이 역시 탁월하다는 생각이 들었다.

마침 이 책을 후배 평가사가 번역해 번역본의 감수를 요청했을 때 반가운 마음으로 흔쾌히 승낙했다. 현실에 안주하지 않고, 더 넓은 세계의 변화를 주시하며 실천하는 후배 평가사들의 열정을 환영하며 박수를 보낸다.

부동산의 경제적 가치를 평가하는 감정평가사는 누구보다 많은 데이터를 활용해 사회, 경제의 흐름을 파악하고 있어야 한다. 이번 번역으로 한국 감정평가사뿐만 아니라, 4차 산업혁명으로 인한 변화를 예의 주시하는 독자들이 미국을 넘어 세계 1위의 프롭테크 기업 Zillow에 대해 더 많이 알 수 있는 계기가 되길 바란다.

# 역자 주

1. 국가는 한글로 표기하였으며, 그 외 지역, 회사, 매체, 인물은 원문 (영문)으로 표기하였습니다.
2. 통화는 원문(미국 달러)으로 표기하였으며, 원화를 병기하는 경우 2021년 10월 환율을 기준하였습니다. (약 1,180 KRW/USD)

# 목 차

# 프롤로그:
# 아프리카 베냉 그리고 미국 시애틀에서 있었던 일

1990년, 나는(Stan) 서아프리카 사하라 사막 남쪽에 있는 베냉Benin이라는 나라에서 평화봉사단 자원봉사자로 있었다. 당시 내가 머물렀던 숙소는 그다지 좋지 못했는데, 사실상 건설현장에 가까웠다. 지붕과 벽만 있는, 분명히 공사 중인 건물이었다. 주인이었던 Sana는 돈이 생길 때마다 벽돌을 사서 조금씩 벽을 올렸고, 그 집은 내가 베냉을 떠날 때가 되어서야 겨우 완공되었다.

아프리카 베냉

처음에는 Sana가 집 전체를 지을 수 있는 벽돌을 한 번에 살 수 있을 때까지 돈을 모으지 않는 이유가 궁금했다. 그런데 서아프리카 문화에 대해 더 많이 알게 되면서, 마침내 그 이유를 알 수 있었다. 서아프리카의 사람들은 현금을 쌓아두지 않았던 것이다. 가족과 부족으로 뭉쳐 있는 사회에서, 사람들은 서로 돈을 빌리는 것에 거리낌이 없었고 그런 부탁을 거절하는 것도 매우 어려웠다. 만약 Sana가 은행 계좌에 돈을 넣어두었다면, 아마도 그의 가족이나 친구들이 그 돈을 다 써 버렸을 것이다. 비록 한 번에 제대로 된 집을 짓지 못한다 하더라도, 현금을 벽돌로 바꿔 조금씩 건물을 지어 나가는 것이 더 안전했던 것이다.

거기에는 Sana의 개인적인 이유도 있었다. 그가 말해주었는데, 부동산에는 주식이나 펀드 같은 다른 투자수단에서 느끼기 어려운 어떤 정서가 있다고 했다. 주식을 사고 팔 때는 단순히 수익적인 측면만 고려하지만, 집을 사고 팔 때에는 가족의 상황이나 집에 대한 애착, 심지어 문화적인 기대감이 있다는 것이다. Sana가 반쯤 완성했던 그 집은, 부동산에 대한 의사결정이 개인의 고유한 상황에 따라 달라질 수 있다는 것을 보여준다. 이러한 상황은 서아프리카의 베냉에서뿐만 아니라, 미국 Seattle의 교외에서도 마찬가지였다.

Charlottesville과 Seattle

2001년 우리 부부는 두 아이와 함께 Virginia주 Charlottesville에서 Washington주 Seattle로 이사했다. 우리는 Seattle이 처음이었으니, 무작정 집을 사는 것보다는 지역에 익숙해질 때까지 당분간 렌트로 사는 것이 좋았을지도 모른다. 하지만 우리는 막 새로운 지역으로 이사를 왔고, 우리만의 집이 필요했다. 누가 보더라도 현명한 행동은 아니었지만, 우리 가족은 그 순간 그 타이밍에, 당장 집을 사고 싶었다.

3일 동안 40채 가까운 집을 둘러봤다. Virginia주에서 온 우리에게 Seattle 집값은 약간 충격이었다. 당시 Seattle의 주택가격은 평균 $220,000 약 2.6억 원였는데, Charlottesville에서는 $150,000가 조금 넘는 수준이었기 때문이다. 우리가 살 수 있는 수준의 집은 별도의 현관문이 없어 차고를 통해 들어가야 했다. 몇 년 동안은 부모님을 우리집에 모시고 올 수 없었다. 현관문도 없는 집의 차고를 통해 부모님을 모셔와, 이 집이 Charlottesville보다 훨씬 비싸다고 말할 수는 없었다.

2년 뒤, 우리는 약간의 이익을 남겨 그 집을 팔고 새 집을 샀다. 이번에는 현관문이 있는 집이었다. 부동산 시장이 폭락하고 경기침체가 극심했던 2008년, 우리는 두 번째 집에 살고 있었는데, 집값이 폭락하는 걸 보면서 어떻게 하면 조금이라도 손실을 줄일 수 있을까 고민했다. 베냉에서 Sana가 현금을 지키기 위해 벽돌을 사 모았던 것처럼, 나도 내 돈을 지키고 싶었다.

경제학자인 내가 볼 때, 시장이 더 악화되기 전에 집을 팔고, 시장이 바닥을 칠 때까지는 렌트로 살다가, 최저가로 집을 사는 것이 최선인 것 같았다. 그런데 아내는 집을 팔고 렌트로 살기에는 우리 가족이 너무 힘들 것이라고 했다. 그때 우리는 자녀가 세 명이었고, 두 번이나 이사를 가는 것은 무리였다. 경제적으로 보면 이사를 가는 것이 합리적이지만, 삶의 터전을 옮길 때의 단점이 그것보다 크게 느껴졌다. 어려운 경제 상황에서도, 집은 단순히 자산 이상이었던 것이다.

이런 일련의 사건들은, 부동산에 대한 의사결정이 경제학자조차 경제학자일 수 없을 정도로 복잡하다는 것을 보여준다. 다른 사람들이 보기에는 이상하게 보일 수 있지만, 때로는 벽돌을 하나하나 모아가며 집을 짓는 것이 가장 현명한 일이 되기도 하는 것이다.

Spencer와 나(Stan)는 사람들이 집에 대한 의사결정을 내릴 때 도움이 되고자 〈Zillow Talk〉를 썼다. 이 책은 부동산 시장의 새로운 규칙에 대한 것이고, 직접 집을 사고 팔 때, 아니면 집을 사고 파는 사람들에 대해 이야기할 때 좀 더 현명해지기 위한 것이다. 그리고 이것은 우리 회사 Zillow가 가지고 있는 비전이기도 하다. 더 좋은 지역으로 이사를 가기 위해서라도, 지금 살고 있는 지역에서 최악의 집을 피하기 위해서라도, 언제나 데이터에 근거해서 의사결정을 해야 한다.

## Spencer의 회색지대

Stan과 마찬가지로 나(Spencer)도 부동산에 대해 크게 깨달았던 적이 있다. 아프리카가 아닌 Seattle에서 있었던 일이다. 몇 년 전에 나는 집을 단순히 '매수 아니면 렌트'라는 관점으로만 접근하는 것은 사실상 초보에 가깝다는 사실을 배웠다. 실제로 많은 주택이 매수도 임차도 아닌 회색지대에 있다. 집을 전혀 팔 생각이 없었던 집주인도 갑자기 좋은 조건의 제안을 받으면 유혹에 못 이겨 집을 내놓을 수 있고, 반대로 이미 집을 내놓았던 집주인도 시장 상황이 나아질 때까지 매물을 거두어 들이는 경우도 있다. 만약 이런 상황이라면, 당신이 원하는 집을 가질 수 있는 새로운 방법도 많이 있다.

2003년 우리 부부는 Seattle로 이사해 집을 알아보기 시작했다. 렌트를 알아보던 우리는 아주 마음에 드는 집을 발견했는데, 한 가지 문제가 있었다. 집주인은 렌트가 아니라 아예 집을 팔고 싶어했던 것이다. 당시 이 집은 매물로 나온 지 이미 1년 정도 지난 상황이었기 때문에, 우리는 집주인이 생각하는 가격으로는 쉽게 팔지 못할 것이라고 생각했다. 우리는 그에게 차라리 렌트를 달라고 편지를 썼다. 어차피 집주인이 선택할 수 있는 방법은, 손실을 감수하고 팔거나, 아니면 계속 대출 이자를 내거나 둘 중 하나였다. 우리는 렌트를 하는 것이 원원하는 방법이라고 제안했고, 다행히 그를 설득할 수 있었다. 결국, 그는 "For Sale" 표지판을 떼었고, 우리도 이사를 갈 수 있었다.

2년 후, 아내가 첫 아이를 임신했을 때에도 우리는 여전히 그 집에 살고 있었다. 가정을 꾸리게 되면 집을 장만해야 한다는 사회적인 압박이 느껴진다. 게다가 Zillow를 막 창업했을 때라, 부동산 회사의 임원이라면 집 한 채 정도는 소유하고 있어야 하지 않을까 하는 생각도 있었다. 그리고 우리는 여전히 그 집이 마음에 들었으니까.

그래서 우리는 집주인에게 전화를 걸어 우리가 이 집을 사겠다고 제안했다. 이보다 더 좋은 제안은 있을 수 없었다. 비록 시세보다 낮은 금액이었지만 집주인은 수락했다. 그는 2003년에 내놓았던 금액보다 더 높은 금액으로 팔 수 있었고, 그동안 우리에게 36개월 치 월세까지 받았으니 말이다. 집주인은 세입자에게 집을 팔며 한 달 치의 월세도 놓치지 않을 수 있었고, 우리 부부 역시 이미 정이 들어버린 집을 좋은 가격에 살 수 있었다.

우리가 다른 렌트를 찾았다면 좋은 기회를 놓칠 수도 있었다. 우리는 첫 번째 성공적인 경험 덕분에, 계속 매수와 렌트 사이 회색지대에서 가능성을 찾아 나갈 수 있었다. 우리는 그 이후에도 다소 파격적인 방법으로 사고팔고를 이어나갔다. 2008년에 둘째 아이가 태어난 후, 우리는 더 큰 집을 찾기로 결정했다. 분명히 이사할 때가 되긴 했지만, 주택시장 상황을 볼 때 집을 팔기에는 좋지 않은 시기였다. 그래서 우리는 이전 집주인의 방식을 활용했다. 나중에 집을 살 수 있는 옵션과 함께 집을 렌트할 부부를 찾았고, 그들은 월세의 일부를 매입금액으로 적립하는 것에도 동의했다.

주택시장 상황은 충분히 좋지 않았지만, 우리는 더 악화될 것이라고 예상했다. 그래서 시장이 바닥을 치기 전까지는 매수를 미루기로 했다. 우리는 다시 렌트로 이사했고, 그동안 부동산 가격은 계속 하락했다. Stan의 분석에 따르면 Seattle 주택시장의 저점은 2012년 초였다. 우리는 이제 유망해 보이는 고급주택 경매물을 찾기 시작했다.

기존 집주인은 주택시장이 가장 좋았던 2005년에 집을 샀는데, 시장 상황이 어려워져 은행에 압류되기 전까지 집을 잘 관리해왔다. 하지만, 우리가 그 집을 넘겨받을 때에는 거의 망가진 상태였다. 압류된 주택에서 늘 있는 일이다. 덕분에 우리는 거의 절반 가격으로 집을 살 수 있었고, 3% 금리의 담보대출도 받을 수 있었다. 그리고 1년이 지난 후, 우리는 이 집을 2배에 가까운 가격으로 팔 수 있었다.

요즘 우리 부부는 별장처럼 사용할 수 있는 투자용 주택을 찾고 있는데, 이번에는 또 새로운 방식인 쇼트 세일*을 이용하려고 고민 중이다. 사실 쇼트 세일로 집을 사는 것은 꽤 복잡하다. 매물로 나온 집이라도 쉽지 않다. 무려 7개 금융기관의 대출이 설정되어 있는데, 이들과의 협상도 한 번에 끝내야 한다. 가까워질수록 다시 멀어지는 느낌마저 든다. 이 집 역시 매수도 렌트도 아닌 애매한 회색지대에 있는 것이다.

Stan과 나는 각자의 경험을 통해 근본적인 깨달음을 얻었다. 부동산은 이 사회를 비추는 거울과 같다. 우리가 이 책을 통해 전하고자 하는 메세지는 세 가지이다. 첫째, 우리는 Zillow의 데이터를 활용해 여러분들이 어떻게 집을 사고, 팔고, 담보대출을 받고 있는지를 다시 한번 생각할 수 있도록 하고 싶다. 둘째, 꼭 집을 사야만 아메리칸 드림이 이루어지는 것인지, 담보대출 이자를 세액에서 공제해주는 것이 정말 국가경제에 도움이 되는 것인지, 오래된 관념들에 문제 제기하고 싶다. 마지막으로, 우리는 스마트폰을 통해 모든 것이 연결되고 빠르게 변화하는 세상에서, 부동산 시장의 규칙이 어떻게, 얼마나 변했는지 정확하게 보여주고 싶다.

---

* 쇼트 세일(Short sale): 주택가격이 담보대출 원금 미만으로 떨어진 '깡통주택'을 대출원금 이하로 매각해, 채권채무관계를 종료하는 주택 매매방식. 채무자(집주인)는 경매 시장보다 다소 높은 가격으로 주택을 팔 수 있고, 채권자(은행)도 신속하게 대출금을 회수할 수 있다. 쇼트 세일 방식의 매매는 대출은행과 집주인의 합의가 전제되어야 한다.

## 진실의 반대는 거짓이 아니라 통념이다

내가(Spencer) 부동산 업계에 발을 들인 것은 아주 우연한 계기였다. 원래 전혀 다른 산업인 여행산업, 그중에서도 IT기술을 활용해 숙박 예약을 돕는 쪽에 관심이 있었다. 과거의 여행산업은 최악의 악몽에 가까웠다. 미국인들이 가장 무서워하는 세 가지, 뱀, 대중연설, 고소공포도 아닌, 전화로 하는 숙박 예약 때문이었다. 1990년대 초까지만 해도, 일단 Great West Airlines에 전화를 걸면, 기다리면서 끊임없이 흘러나오는 배경음악만 듣고 나서야 겨우 상담원과 연결되는 것 말이다. 한참을 기다려서야 겨우 원하는 날짜에 비행편이 있는지 여부를 물을 수 있다. 여기서 더 기다려야만 이런 대답을 들을 수 있다. "죄송합니다. 해당 지역의 비행편이 없습니다."

인터넷 시대 이전의 미국 여행산업은 그랬다. 소비자들은 원하는 비행편과 숙소를 마음껏 선택하기 어려웠고, 가격비교도 어려웠다. 가족여행에 필요한 정보는 서비스 공급자의 데이터베이스에 있어, 업계 내부자가 아니면 볼 수 없었다. 나는 그 데이터베이스의 정보를 알고 싶었고, 다른 사람들도 그걸 원하고 있을 거라고 생각해 과감하게 도전했다. 그렇게 해서 1999년, 할인 여행 웹사이트인 Hotwire를 공동으로 설립하게 된다. 아이디어는 간단했다. 모든 사람이 전화 대신 여행사 웹사이트를 보면서 항공편 및 요금 정보를 직접 볼 수 있게 만드는 것이다. 실제로 몇 년 후, 소비자들의 환경은 훨씬 좋아졌다. 여행산업은 Hotwire와 2003년에 Hotwire를 인수한 Expedia와 같은 서비스 덕분에 크게 변화했다. 그리고 나는 당시 Expedia에서 일하고 있던 Stan을 만날 수 있었다.

Stan은 Expedia에서 데이터 활용방법을 연구하는 팀에 있었다. 처음 만났을 때, 우리 둘 다 그 주제에 대해 관심이 많다는 것을 알 수 있었다. 우리는 일종의 '온라인 혁명'을 통해 데이터가 일반인들에게 권력을 부여할 수 있다는 사실에 흥분했다. 물론 그 시기에 다른 비즈니스 혁명가들도 World Wide Web을 사용해 불투명하고 소비자 친화적이지 않은 여러 산업에 투명성을 만들기 위해 애쓰고 있었다. 이제 사람들은 온라인으로 주식, 자동차, 보험을 구매할 수 있으며, 뭐 음악은 말할 것도 없다.

그럼에도 불구하고, 21세기가 된 지 6년이 지난 지금까지, 미국의 중요 산업분야의 하나인 부동산은 아직 바뀌지 않고 있다.

2006년 Zillow가 탄생하기 전까지, 집을 사려면 지역신문의 부동산

Zillow의 설립자: Stan Humphries, Spencer Rascoff(@Geekwine)

매물을 샅샅이 뒤져야 했다는 사실을 생각해보면 충격적이다. 당시에도 부동산 정보 일부는 전산화되기도 했지만, 대부분의 정보는 부동산 전문가에게만 제공되고 있었다. 그 정보조차도 초기에는 과거 거래가격과 감정평가액 같은, 지금은 쉽게 조회할 수 있는 정보의 일부만 볼 수 있었다. 사람들이 알고 싶어 하는 정보는 법원과 내부 데이터베이스에 보관되어 있었다. 어떤 집이 얼마에 팔렸는지, 감정평가사가 얼마에 평가했는지, 지역시장에서 어느 정도의 가치가 있는지, 온라인으로 조회하는 것은 거의 불가능했다.

집을 구하는 것은 마치 어두운 방 안에서 손전등으로 물건을 찾는 것과 같은 수준이었는데, 사람들은 누군가 손전등을 비춰주는 것보다 직접 손전등을 쥐고 비추고 싶어 했다. 아니면, 아예 전등 스위치를 켜서 모든 것을 보고 싶었다. 이것이 우리가 Zillow를 만든 이유이다. 방 안의 전등 스위치를 켜고, 미국에서 가장 크지만 가장 불투명한 산업 중 하나인 부동산 시장에 투명성을 제공하기 위해서이다. 그래서 2006년 2월 8일, 미국에 있는 거의 모든 집의 가치를 추정할 수 있는 재미있는 이름의 웹사이트가 공개되었다.

웹사이트를 오픈하고 단 몇 시간 만에 수십만 명의 사람들이 몰려들었다. "집을 Zillow 한다는" 새로운 동사가 탄생할 정도로, 사람들이 우리와 같은 호기심과 관심을 갖고 있다는 사실을 알 수 있었다. 3일이 지나자 백만 명이 Zillow.com을 방문했고, 우리 서버가 다운될 정도였다. 이제 "Zillow"와 "Zestimate"는 하나의 보통명사가 되었다. 집을 사거나 고르는 방식이 변했다. 이제 더 이상 집을 보면서 내 직업을 밝힐 필요도 없고, 중개인의 긴 설명을 들을 필요도 없어졌다. CNBC 방송 "Mad Money" 프로그램의 Jim Cramer가 말했듯이 우리는 "the keeper

Zillow.com 웹사이트

of the numbers"가 되었다.

오늘날 Zillow는 웹과 모바일에서 가장 큰 부동산 웹사이트로, 방문자수는 매달 1억 4천만 명에 달한다. 집주인을 비롯해 집을 사려는 매수자들은 1억 1천만 개 이상의 매물정보와 중개인 리뷰, 기타 유용한 정보를 보기 위해 Zillow에 접속한다. 이제 더 이상 내부정보는 없다. Zillow의 진짜 힘은 소비자들에게 단순히 데이터를 전달하는 것에 그치지 않고, 그것을 분석해 정보를 제공하는 것에 있다. 우리는 먼저 주택에 대한 모든 정보를 통합했다. 처음에는 방 개수, 욕실 수, 면적, 세금 같은 정보를 제공하는 것에서 시작했지만, 우리는 그 데이터를 활용해 주택의 가치를 측정했다. Zillow의 부동산 자동평가모형 "Zestimate"는 매매가격뿐만 아니라 임대료도 추정할 수 있다. 우리는 "Rent Zestimates"를 만들기 위해 비슷한 과정을 거쳤고, 특정 주택을 합리적인 조건으로 렌트할 때 예상되는 금액을 추정했다. 우리는 Zestimate를 한 단계 더 발전시키기 시작했고, 미국 전역에 있는 모든 주택의 가치를 추정하고 예측할 수 있는 시스템을 구축했다. 이제 사람들은 필요한 모든 정보를 한곳에서 조회할 수 있고, 이 데이터를 유용한 정보로 변환하는 분석도 가능하다.

부동산 데이터의 민주화는 매우 중요하다. "진실의 반대는 거짓이 아니라 통념"이라는 격언이 있다. 이 책의 목적은 구전되던 통념들을 데이터에 근거한 사실로 대체하는 것이다. 데이터는 집을 사는 것이 모든 이들에게 좋은 선택인 것이 아니라고 말한다. 주방을 리모델링 했다고 집 전체의 가치가 올라가는 것은 아니라고 말한다. 좋은 가격에 집을 팔기 위해서는 오픈 하우스에 공을 들이는 것보다, 적절한 시기에 매물을 내놓는 것이 더 중요하다고 말한다. 20세기 영국의 자산가였던 Harold Samuel 경은 "부동산에서 중요한 세 가지는, 입지, 입지 그리고 입지입니다."라는 명언을 남겼는데, 그에게 양해를 구하며 새롭게 정정하자면, 부동산에서 중요한 세 가지는 장래입지, 장래입지, 장래입지이다.

## 우리 삶을 반영하는 주택 평면도

데이터는 지난 반세기 동안 집에 대한 경험과 중요성이 얼마나 변화했는지 보여준다. 1950년까지 미국의 1인당 주거면적은 평균 300ft$^2$ (약 8평) 미만이었다. 2000년에는 거의 900ft$^2$ (약 25평) 이상으로 늘어났다. 집은 커졌고, 가구 규모는 작아졌기 때문이다. 이것은 시작에 불과한데, 같은 기간 1인당 사무실 면적은 반대로 변했다. 1970년의 기업은 사무공간을 설계할 때 직원 1인당 평균 600ft$^2$ (약 17평)로 계획했다. 오늘날에는 기술 혁신으로 사무실, 도서관, 비서실, 컴퓨터실이 필요 없게 되면서, 1인당 사무공간이 100ft$^2$ (약 3평) 미만으로 줄어들었다. 즉, 과거에는 집과 사무실 면적의 비율이 1:3 수준이었다면, 오늘날에는 7:1로 역전되었다. 일상생활에서 집의 중요성이 20배 이상 증가했다는 것이다.

주택 자체가 근본적으로 변했다. 1970년에는 재택근무라는 단어조차 없었고, 운동이라고는 문고리에 고무줄을 묶어 당기는 것이 전부였다. 집에 영화관 같은 것이 있을 리 없었다. 오늘날에는 어떠한가. 전국주택건축업협회(National Association of Home Builders)에 따르면, 이제는 집을 지을 때 피트니스룸과 미디어룸이 필수적이다. 이미 3,400만 명이 넘는 사람들이 가끔씩 재택근무를 한다. 오늘날의 집은 단순히 크고 기능이 늘어나는 것을 넘어서, 상업업무시설이 독점하고 있던 헬스장, 영화관, 커피숍, 사무실까지 모든 활동을 집으로 옮기고 있다. Wii와 Xbox의 마법으로, 우리는 거실에서도 TV로 볼링을 즐길 수 있는 것이다.

이제 집은 밤에 잠을 자는 곳 이상이 되었다. 더 이상 휴식을 취하는 곳이 아니라, 욕망의 대상으로 진화하고 있다. 우리는 "American Dream Builders", "Extreme Makeover Home Edition", "House Hunters", "million Dollar Listing"과 같은 여러 TV 채널과 온라인을 통해 일종의

NBC 방송사의 TV 프로그램 〈American Dream Builders〉

'부동산 포르노'를 보면서 집을 넓히는 것에 대한 환상을 품는다. 단순히 주택 정보나 거래가격을 알기 위해서가 아니라, 직장상사, 동료, 헤어진 여자친구의 집 사진을 찾기 위해 Zillow를 이용한다.

우리 모두가 부동산에 집착하고 있다는 데는 의문의 여지가 없다. 하지만, 이러한 현상에 대해 고정관념을 갖는 것과 이해하기 위해 노력하는 것은 다르다. 주택은 어느 누구도 제대로 이해하지 못하고 있는, 미국에서 가장 중요한 산업이다. 일을 할 때도, 밥을 먹을 때도 늘 집이 단골 주제이다. 부동산은 연예인이든 직장인이든 모든 사람들의 관심사이지만, 사실 완벽한 시장과는 거리가 멀었다. 아주 최근까지, 집주인과 매수인은 컴컴한 어둠 속에서 직감과 추측에 의존해 거래를 했다. 정부에서도 직감적인 수준의 이론으로 주택 정책을 만들었고, 금융시장도 일반인들보다 약간 더 많은 수준의 정보를 기반으로 수조 달러를 베팅했다. 이렇게 많은 사람들이 관심을 갖고 있고, 국가경제에도 중요한 영향을 미치는 부동산 시장이, 어떻게 이런 미스터리로 남아있을 수 있었을까?

첫째, 주택에 대한 데이터가 널리 활용되지 않았다. Zillow가 나오기 전까지, 부동산에 대한 정보는 사무실 책장에 꽂혀 있거나 일반 사람들은 조회할 수 없는 비공개 데이터베이스에 보관되어 있었다.

둘째, 아마도 더 중요할 것 같은데, 우리들은 물어보는 것을 불편해한다. 누구나 부동산 투자로 부를 축적할 수 있다는 것을 알리고 싶지 않은 것이다. 슬롯머신에서 계속 돈이 나오고 있다면, 그냥 가만히 있어야지 기계가 고장 났다고 알릴 필요는 없지 않은가.

셋째, 이미 많은 미국인들이 집을 소유하고 있기 때문에, 자동차, 주식, 보험, 여행상품이 그랬던 것처럼 부동산 가격이 합리적인 수준으로 떨어지는 것을 원하지 않았던 것이다. 오히려 대부분의 사람들은 집값이 계속 상승하기를 바라고 있다.

한 가지 좋은 소식은, 무지했던 행복의 시대가 분명히, 확실히, 끝났다는 것이다. 이제 주택시장의 거품이 터질 수 있다는 것을 누구나 알게 되었다. 그리고 우리 모두는 처음부터 거품이 만들어지는 것을 막기 위해, 더 정확하고 좋은 정보를 원하게 되었다.

## 더 좋은 집을 향한 여정

10여 년 전만 해도 주택의 가치를 알기 위해서는 감정평가사에게 최소 $900 약 100만원를 지불하고 몇 주를 기다려서야 겨우 알 수 있었다. 하지만 Zillow는 연필, 줄자, 카메라 대신, 첨단 IT 기술을 활용해 주택의 가치를 순식간에 측정할 수 있다. 물론 Zillow가 감정평가사를 대체할 수는 없겠지만, 주택 소유자, 투자자, 정부 공무원들이 주택의 잠재적 가치를 파악하는 데 도움이 될 수 있다. 그리고 가장 중요한 것은, 별도의 노동력이 필요하지 않다는 것이다. 미국의 모든 주택을 평가하는 것은 매우 복잡한 일이다. 우리의 작업에는 수십만 줄의 코드, 수십 대의 서버, 백만 개 이상의 평가 모형이 동원된다. Zillow의 컴퓨터는 매일 3.2테라바이트의 데이터를 처리하고 있다.

우리는 지속적으로 알고리즘을 재평가하여 수정하고 있으며, 이 알고리즘은 박사 학위를 가진 전문가 그룹이 만든다. 지난 몇 년 동안 오차 범위가 13.6%에서 7% 미만으로 줄어들었고, Zestimate가 측정할 수 있는 주택의 범위도 4,300만 가구에서 1억 가구 이상으로 증가했다. 매일 업데이트되고 있는 우리의 데이터베이스가 이 책을 쓸 수 있는 이유이기도 하다. 데이터와 이를 분석할 수 있는 능력 덕분에, 우리는 주택시장에 대한 편견을 없애고 시장 참여자들이 더 나은 결정을 내릴 수 있도록 도울 수 있다.

우리는 우리가 찾아낸 흥미로운 경향과 패턴에 대해 이야기하고 그 의미를 설명하려고 한다. 때로는 미신에 가까운 편견이 깨지기도 하고, "Starbucks와 가까울수록 주택가격이 높다"는 식의 통념이 대략적으로 검증되기도 한다. 우리는 집주인에게 언제 어떻게 매물을 내놓으면 좋을지 알려주고, 매수자들에게는 새로운 방식으로 매물을 분석해 줄 것이다. 특정 지역의 집을 사려는 사람에게는 집을 매수하기 가장 좋은 시기를 알려주고, 집을 팔려고 하는 사람에게는 언제가 초과 수요에 의한 최적의 매도시기인지 알려줄 것이다. 우리는 담보대출 이자부터 수해 보험까지, 우리가 부동산과 집에 대해 갖고 있던 고리타분한 고정관념에 대하여 다시 한번 생각할 수 있는 기회를 제공하고 싶다.

우리는 이 책을 통해 사람들에게 데이터라는 새로운 무기를 쥐어주려고 한다. 데이터 분석에 기반해, 어디에, 무엇을 살지, 어떻게 팔지, 더 현명하게 결정할 수 있도록 돕고, Washington주의 주택시장이 더 합리적으로 변하기를 바란다. 이것이 우리가 Zillow를 만든 이유이다. 데이터에 대한 좌뇌의 집착과 집에 대한 우뇌의 사랑을 결합해, 모든 사람이 관심을 갖지만 실제로 아무도 완전히 이해하지 못하고 있는 부동산 업계의 투명성을 위한 새로운 원동력이 될 것이다.

Zillow라는 이름은 zillions와 pillow의 합성어이다. 영어 전공자들이 '혼성어'라고 부르는 "zillions"는 주택시장에 대한 분석적, 정량적 측면을 표현하고, "pillows"는 하루를 마무리하는 침대의 베개처럼 집이 우리 삶에서 갖는 정서적 중요성을 상징적으로 표현한 것이다. 궁극적으로, 우리는 사람들이 더 편하게 쉴 수 있도록, 주택시장의 여러 사안들에 대한 이해를 돕고자 한다. Zillow는 집이 단순히 주소나 물건을 보관하는 장소 이상이라는 것을 알고 있다. 집은 우리의 삶이 일어나는 곳이다. 그리고 Zillow 웹사이트나 모바일 앱처럼, 이 책으로 이루고자 하는 것도 아주 간단하다. 집으로 향하는 길을 찾도록 도와주는 것, 바로 그것이다.

## The ZESTIMATE: 우리 집의 가치는?

최근까지는 주택의 가치를 무료로 확인할 수 있는 방법은 없었다. 90년대에는 주변의 거래된 주택을 잘 살펴보고 대략적인 가격수준을 파악한 후 이를 자신의 집에 적용하는 것이 최선이었다. 이런 방법은 오늘날 널리 사용되고 있는 Zillow의 자동평가모형과 비교하면 많이 부족했다.

2006년 Zillow가 등장하면서, 컴퓨터와 통계 모형이 이런 과정을 개선했다. 통계학자는 주택가격을 측정하기 위한 복잡한 모델을 만들었는데, 이는 기존의 거래사례비교법보다 진일보한 것이었다. 또한 욕실 수부터 인근 쓰레기처리장과의 근접성에 이르기까지, 많은 양의 변수를 모델에 투입해야 했기 때문에, 시간이 많이 걸리고 힘든 작업이었다. 가격에 영향을 미칠 수 있는 거의 모든 요인들이 고려되어야 했다.

그런데, 이러한 방식의 평가방법에도 문제점이 있었다. 우선, 이러한 모델은 넓은 지리적 범위에서만 제대로 작동했다. 동일한 모델을 전국 모든 지역에 적용하는 것은 실용적이지 않았다. 주 또는 대도시 수준보다 훨씬 더 좁은 범위에 적용할 수 있는 모델이 아니었던 것이다. 같은 Florida주라 하더라도, 남동쪽 끝의 Miami와 북서쪽 끝의 Panhandle의 주택을 동일한 모델로 측정할 수는 없는 것이다.

우리는 주택가치를 결정하는 모든 요인들을 통합한 진일보한 모델을 구축하기로 결정하고, 2005년부터 업무에 착수했다. 우선 모든 신행연구를 검색했고, 모델을 특정 기술에 국한시키지 않았다. 우리는 인공지능, 생물유전학, 게놈 연구 및 이미지 처리와 같은 분야에서 일반적으로 사용되는 기술을 활용했다. 이런 기술은 사실 암세포를 표시하거나, 흐릿한 이미지를 선명하게 만드는 데 사용되는 것이지만, 우리는 주택가치 측정에도 적용할 수 있다는 것을 알 수 있었다.

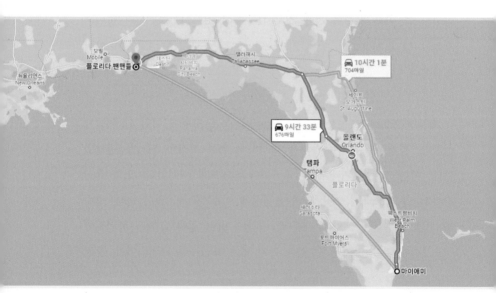

Miami와 Panhandle

이런 과정을 통해서 우리는 중요한 사실을 발견할 수 있었는데, 크고 복잡한 모델은 실용적인 접근 방식이 아니라는 것이다. 우리는 상대적으로 단순한 모델을 통해 훨씬 더 정확한 결과를 얻을 수 있다는 것을 깨달았다. 만약, 두 명의 사진가가 집을 촬영한다고 해보자. 한 명은 카메라 위치를 잡고 몇 시간을 기다렸다가 적절한 조명에 사진을 찍는다. 다른 한 명은 집 주변을 돌아다니며 사진을 최대한 많이 찍은 후 컴퓨터 프로그램을 이용해 이 사진으로 3D 이미지를 만들었다. 과연 어떤 것이 더 나을까?

우리는 위와 같은 방식으로 간단한 모델 수백 가지를 만들어 주택 가치를 다각도로 추정한다. 각 모델은 대지면적, 방 개수 등 주택가치에 영향을 미칠 수 있는 거의 모든 요소를 고려하고 있다. 이러한 모델은 굉장히 가볍기 때문에 아주 좁은 지역의 특성을 고려해 각 변수의 가중치를 부여할 수 있다. 미국 각 주의 개별적 특성에 맞게 모두 다른 모델을 사용하기 때문에, 지역적 가격 차이도 반영할 수 있는 것이다.

가장 중요한 것은 우리 모델이 매일 업데이트되고 있다는 사실이다. Zillow의 컴퓨터는 매일 약 120만 개의 통계 모델을 구축해 전국의 모든 집값을 계산하고, 작업이 완료되면 과거 모델을 삭제한다. 다음 날, 완전히 새로운 조건에 따라 120만 개의 모델이 추가로 투입되고, 이 과정이 매일 반복된다. 이런 반복적인 개선으로 Zestimate의 주택가치 추정치는 주택시장의 변화 요인을 즉각적으로 반영할 수 있는 것이다. 이것이 우리가 가장 정확한 시세 추정치, Zestimate를 얻는 방법이다.

Zestimate(@Arizona Brief)

# 1. 부동산과 주식, 어떤 투자가 더 나을까

## Warren Buffett은 항상 옳다: 부동산 투자가 나은 이유

'Omaha의 현인'이라고 불리는 Warren Buffett보다 더 신뢰받는 투자자는 없다. Buffett은 중부 평원의 정상에서 모든 것을 내려다본다. 그는 대형 지주회사인 Berkshire Hathaway의 오랜 회장으로, 거의 모든 것을 다 가지고 있다. 그가 세계에서 세 번째로 부자라는 사실을 제외하고, 투자자로서 그의 성공을 설명하는 하나의 사실을 말하자면, 그가 사업을 시작한 1964년부터 2012년까지, 그의 회사의 주식가치가 무려 586,817% 올랐다는 사실이다. 현재 Berkshire의 주

Warren Buffett

식은 GEICO, Brooks Running, American Express에 이르기까지 수십 개의 성공한 기업이 포함되어 있다. 그 결과 1964년 Berkshire 주식에 투자한 $1는 오늘날 $500,000 이상의 가치가 있다. 이 정도면 충분하다. 그는 투자를 너무 잘 알고 있다.

그는 매년 CNBC 방송의 Squawk Box와 "Ask Warren"이라는 인터

뷰를 하는데, 앵커는 그에게 투자전략, 경제예측, 심지어 Nebraska 날씨까지 모든 질문을 한다. Buffet은 자본시장에서 이견이 없는 마스터이기 때문에, 사람들도 그의 생각에 귀를 기울인다. 2021년 2월, 공동 진행자인 Becky Quick이 Buffet에게 "지금이 주식을 사기에 적기라고 생각합니까?"라고 묻자, 그는 주제를 주식에서 부동산으로 바꾸기 직전에 "그렇다"라고 대답했다. 그리고는 "내게 주택 수십만 채를 살 수 있는 방법이 있다면 최대한 많이 살 것이다."라고 말했다.

Quick이 Buffet에게 젊은 투자자들이 주식이나 주택에 투자해야 할지 묻자, 그는 2012년과 같이 역사적으로 낮은 이자율로 만기 30년의 담보대출을 받을 수 있다면 집을 사는 것은 훌륭한 거래이자 괜찮은 투자라고 대답했다. 우리는 투자의 대가 Buffet이 주택 투자를 권장했다는 소식이 반가웠는데, 그가 말만 그렇게 한 것은 아니었다. 그의 회사 Berkshire Hathaway는 최근에 12개 이상의 부동산 중개법인을 인수했고, 2013년에 Berkshire Hathaway HomeServices를 시작했다.

그런데, 우리가 고액 자산가가 아닌 평범한 투자자라면, 수십만 채가 아니라 단 한 채의 집을 시장에 내놓고 있다 하더라도 Buffet의 조언은 유효할까? 부동산에 투자해야 할까? 주택은 정말 주식보다 더 나은 투자일까? 대부분의 사람들은 그렇게 생각하는 것 같다. 주택시장의 거품이 꺼진 이후에도 미국인들은 부동산이 확실한 투자처라는 믿음을 굳게 고수했다. 2011년 Pew Research Center의 설문조사를 보면, 미국 성인의 81%가 주택 매수가 개인이 할 수 있는 최고의 장기투자라고 믿고 있다. Fannie Mae도 매달 주택시장의 소비자 심리를 조사하는데, 조사 결과는 지난 몇 년 동안 격동의 시기를 거치면서도 놀라울 정도로 안정적이다. 이사를 준비 중인 사람들에게 집을 살 것인지 아니면 렌트할 것인지 묻자, 3명 중 2명이 산다고 대답했다. 주택시장이 바닥을 치고 금융기관의 담보권 행사도 늘어나고 있지만, 주택시장에 대한 대중의 신뢰는 믿을 수 없을 정도로 높았다.

우리는 이러한 믿음이 올바른지 확인해보기 위해 데이터를 분석했다. 세계은행에 따르면 미국 주식시장의 규모는 $18.7조 이상으로, 미국의 국내총생산(GDP)보다 몇 조 달러가 더 많다. 그런데 믿기지 않겠지만 미국 주택시장의 규모는 $25.7조 이상으로, 주식시장보다 훨씬 크다. 미국은 주식시장, 주택시장 모두 규모가 크고 오래되었기 때문에, 장기간의 시계열 데이터를 모을 수 있었다. 드디어 경제학자의 꿈이 이루어진다!

부동산과 주식시장을 비교했을 때, 처음에는 주식이 부동산보다 더나은 성적을 내는 것처럼 보였다. 1970년부터 2010년까지, 주식시장의 S&P 500 지수는 연간 8~11% 상승했지만, 같은 기간 주택가격 상승률은 평균 4% 수준이었다. 이것만 보면 주식시장이 더 나은 투자수단인 것처럼 보이지만, 제대로 비교하기 위해서는 주식과 부동산의 차이를 보정해야 한다. 주식을 보유하면 종종 배당금을 받을 수 있는 것처럼, 주택을 보유하면 대출이자만큼의 세금 부담을 줄일 수 있기 때문이다.

부동산 보유에 따르는 보이지 않는 이익은 집주인뿐만 아니라 세입자에게도 미치는데, 배당금, 임대수익, 세금 혜택까지 모두 계산해보니 그 결과는 놀라웠다. 우리 분석에 따르면, 1975년부터 2014년까지 S&P 500의 연평균 수익률은 10.4%로 낮아지는 반면, 주택시장의 수익률은 11.6%로 높아진다. 확실히 부동산에 투자하는 것이 더 나았던 것이다.

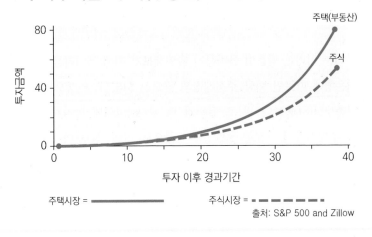

## 투자수익률: 주택(부동산) vs 주식

출처: S&P 500 and Zillow

부동산 보유에 따르는 부수적인 이익까지 고려하면, 역사적으로 부동산의 수익률이 1.2%p 높았다. 그리고 이런 작은 차이도 장기적인 복리효과를 고려하면 그래프처럼 큰 차이를 만들 수도 있다. 흔히 주식시장에 투자하는 것은 롤러코스터를 타는 것과 같다고 하는데, 그럴만한 이유가 있다. 주식가치는 연간, 월간, 일간, 심지어 한 시간 동안에도 급등하거나 급락할 수 있기 때문이다. 변동성이 크기 때문에 그만큼 위험성을 가지고 있는데, 이런 위험을 낮추려면 확실히 장기투자를 해야 한다. 하지만 주택은 1년, 10년 또는 그 이상을 보더라도 주식보다 변동성이 낮다.

위의 분석과정에 반영되지 않은 부동산 투자만의 장점은 더 있다. 대다수의 미국인들이 집을 구입할 때 담보대출을 받는데, 10~30%의 계약금을 제외한 나머지 잔금 전액을 대출로 확보한다. 만약 $100,000

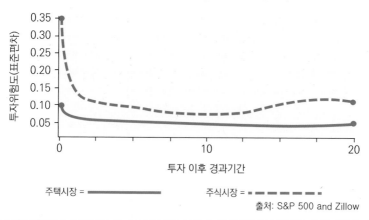

## 시간에 따른 투자위험: 부동산 vs 주식

주택시장 = ━━━━━　　주식시장 = ▬ ▬ ▬ ▬

출처: S&P 500 and Zillow

약 1.2억 원 정도의 투자금이 있다면, 담보대출을 통해 $500,000에 가까운 부동산을 매입할 수 있는 것이다. 반면 주식시장에서는 그런 일이 벌어지지 않는다. 물론 주식시장에서도 주식 담보대출처럼 레버리지를 활용할 수 있는 방법이 있긴 하지만, 절차가 까다롭고 일반 개인 투자자들은 사용하기 어렵다.

부동산 투자가 불패라고 선전하려는 것은 아니다. 부동산 시장도 많이 변했다. 하지만, 주택시장의 붕괴와 더딘 경제회복에도 불구하고, 주택은 여전히 저축을 위한 좋은 투자수단이라는 점은 변하지 않았다. 수익률은 주식보다 낮지만, 위험도 낮다. 그 외에 세금 감면, 레버리지 같은 혜택도 중요하다. Warren Buffet이 옳았다는 것은 놀라운 일이 아니다. 그의 조언은 늘 돈에 관한 것이었기 때문이다.

## 2. 매수를 해야 할까, 임차를 해야 할까

**매수인가 임차인가는 타이밍에 달려있다.**

2012년 4월 23일, HBO 방송사의 드라마 〈Sex and the city〉는 집을 잃었다. 드라마의 주 무대였던 주인공 Carrie Bradshaw의 집인 갈색 벽돌의 아파트와 계단은 그녀와 함께 사라졌다. TV에서 보던 Upper East Side(Manhattan 공원 오른쪽)의 원룸 아파트는 실제로는 West village에 있는 침실 5개짜리 타운하우스였다. 3.6m 높이의 천장에 대리석 벽난

HBO 방송사의 드라마 〈Sex and the city〉

로, 일광욕실이 설치되어 있었는데, 실제로 뉴욕에서 가장 유명한 브라운 스톤 아파트의 매매가는 $13.2백만 약 155억 원에 달한다.

물론 드라마와 현실은 다르다. 어떤 블로거는 "프리랜서 저널리스트 Carrie Bradshaw는 미국에서 가장 물가가 비싼 도시인 뉴욕의 임대료를 감당할 수 없었을 것"이라고 말했다. 처음 뉴욕으로 이사하면서 "저녁을 사먹느니 그 돈으로 〈Vogue〉 매거진을 사겠다"고 했던 Carrie도 여기에 수긍할 것이다. 그런데 극중 여피*의 싱징이던 Sarah Jessica Parker가 임대 아파트를 선택한 데에도 그럴 만한 이유가 있었다. 할리우드의 관점에서는, 도시의 젊은 전문직은 집을 렌트해야 하고, 교외의 행복한 가족은 집을 소유해야 하기 때문이다.

우리가 잘 인식하지는 못하지만, 대중들의 의식에는 이런 통념이 고스란히 새겨져 있다. 살면서 렌트를 해야겠다, 매수를 해야겠다를 본능적으로 판단하게 되는 경우가 분명히 있다는 것이다. 그런데 그 시점이 정말 적절한 것인지는 어떻게 알 수 있을까? 우리는 대중문화, 가족, 친구의 영향을 받는다. 실제로 집을 가져야 한다는 생각은 어떤 판단이나 결정이 아니라, 그저 자기 내부에서 발현된다. 대부분 데이터나 통계자료가 아닌 감정의 영향을 받는다는 것이다.

---

* 여피(Yuppie): Young Urban Professional의 약자로, 대도시에 거주하는 고소득 젊은층을 지칭한다.

## 주택 매수에 대한 손익분기점

우리는 데이터를 분석하면서, 매수와 임차 각각의 장점에 대해 작은 아이디어를 얻었다. 우리는 전국 모든 지역에 대해 일종의 '손익분기점'을 만들었는데, 이 손익분기점은 대도시에서 일하는 독신 여성이 집을 매수하는 것이 더 나은 시점을 의미한다. 믿거나 말거나, 교외에 거주하는 가족이라면 오히려 매수보다 임차가 낫다는 것을 알게 될 것이다.

Washington DC의 단독주택(@Zillow)

다른 환경에 살고 있는 두 가족을 가정해보자. 첫 번째 가족은 Washington DC에 살고 있는 젊은 부부이다. 그들은 브라운대학의 캠퍼스 커플이었는데, 현재 John은 성공적인 프리랜서 작가로, Laura는 비영리 조직에서 일하고 있다. 둘 다 엄청난 미식가에, 음악을 좋아하고, Washington의 좋은 지역으로 이사 가고 싶어 한다. John과 Laura는 전형적인 임차인일까?

또 다른 가족으로 Tom과 Terri가 있다. Tom은 1차 걸프전 당시 육군으로 복무했으며 현재는 고등학교 역사 교사로 일하고 있다. 그들은 최근까지 California San Jose에 살았는데, 얼마 전 기업 재무팀에서 일하는 Terri가 Delaware주 New Castle에 있는 지사로 발령이 나면서 이사했다. 부부에게는 11살 Matt와 14살 Marie라는 두 자녀가 있다. 부부는 Terri의 사무실에서 차로 가까운 거리에 있는 Delaware주 Greenville의 고급 교외 지역이나 아니면, Philadelphia주 Wilmington으로 통근하는 사람들이 선호하는 지역을 좋아했다. 부부는 임차를 할지 매수를 할지 고민하고 있는데, San Jose는 물가가 비싸고 자녀도 두 명이니 매수를 하는 것이 합리적일 것 같다.

분석을 위해 각 지역 주택의 평균 매매가격과 평균 임대료를 비교했다. 이 비율이 낮으면(일반적으로 15배 미만) 매수를, 높으면 임차를 선택할 가능성이 크다고 볼 수 있다. 그런데 매매가격/임대료 비율만으로는 좀 부족하다. 첫째, 두 부부가 원하는 주택 유형이 다르고, 둘째, 주택 구입에 따르는 거래비용이 반영되지 않았으며, 셋째, 두 부부에게 가장 중요한 선호도가 반영되지 않았기 때문이다.

이런 방식으로는 비교할 수 없을 것 같아서, 우리는 그동안 놓치고 있던 한 가지 요소, 이 집에서 얼마나 오래 살 계획인지에 집중했다. 만약 1년 동안만 거주할 생각이라면 임차를 할 수 있지만, 20년 동안 거주할 계획인데 임차를 한다는 것은 직관적으로 합리적이지 않기 때문이다. 두 가지 경우가 교차하는 지점을 파악하면, 임차보다 매수를 선호할 수 있는 거주기간을 정확하게 파악할 수 있을 것이다.

각 주택의 계약금, 중개보수, 담보대출 원리금, 재산세, 공과금, 관리비, 세금 혜택까지 모두 계산해 임차와 매수를 비교했고, 여기에 매매가격과 임대료 상승률까지 반영해 실제 매매비용이 임대비용보다 적거나 같아지는 기간을 계산했다. 모든 정보를 하나의 지표로 가공해 유용한 정보를 제공하는 것이다. 다음의 차트가 몇몇 주요 대도시의 2014년 1분기 매수-임차 손익분기점인데, 도시마다 상당한 차이가 난

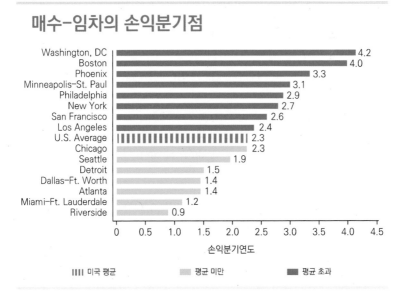

매수-임차의 손익분기점

### 매수-임차의 손익분기점

| 도시 | 손익분기연도 |
|---|---|
| Washington, DC | 4.2 |
| Boston | 4.0 |
| Phoenix | 3.3 |
| Minneapolis–St. Paul | 3.1 |
| Philadelphia | 2.9 |
| New York | 2.7 |
| San Francisco | 2.6 |
| Los Angeles | 2.4 |
| U.S. Average | 2.3 |
| Chicago | 2.3 |
| Seattle | 1.9 |
| Detroit | 1.5 |
| Dallas–Ft. Worth | 1.4 |
| Atlanta | 1.4 |
| Miami–Ft. Lauderdale | 1.2 |
| Riverside | 0.9 |

손익분기연도

|||| 미국 평균          평균 미만          ■■■ 평균 초과

다는 점을 알 수 있다.

이제 부동산 중개사무소를 찾은 두 부부가 생각해야 할 것은 그들이 그 집에 얼마나 오래 거주할 계획인지 뿐이다. 물론 부동산 시장은 쉽게 예측하기 어려우니 호언장담할 수는 없겠지만, 거주계획만을 활용한 의사결정 방식은 여러 가지 복잡하게 고려하는 방식보다 분명히 더 나을 것이다. John과 Laura는 Washington DC를 사랑하고 그들의 직업에 만족한다. 만약 그들이 계속 Washington DC에 남을 예정이라면, 적어도 5년 이상 거주해야 매수가 임차보다 저렴한 것으로 나타났다. 놀라운 사실은 339개 대도시 중 267개(거의 80%)의 도시에서 매수－임차의 손익분기점은 3년 미만이라는 점이다. 가장 큰 이유는 주택시장의 침체와 저금리에 의한 주택가격의 변화 때문이다.

Tom과 Terri의 경우에는 상황이 조금 달랐다. 과거 San Jose에 살면서 그곳에 머물 계획을 세웠다면, 데이터는 San Jose에서 집을 매수하는 것이 그다지 합리적이지 않다고 말한다. 그러나 Greenville의 손익분기점은 8.4년으로 꽤 길다. 거의 9년을 거주하지 않는 한 매수할 가치가 없다는 의미이다. Matt와 Marie 역시 그때쯤이면 대학에 입학해 집을 떠날 것이다. 우리는 보통 자녀가 있을 때는 집을 소유하고 있어야 한다고 생각하는 경향이 있지만, 데이터에 따르면 오히려 렌트를 하는 것이 이 부부에게 더 나은 선택일 수 있다. 렌트를 선택하면 아이들이 대학에 입학한 후에 필요 이상으로 큰 집에 살 필요도 없고, 재산세와 담보대출 원리금을 낼 필요도 없다. 원하는 경우 언제든지 이사할 수 있는 유연성이 있는 것이다.

사람들은 자기 집이 없으면 아직 진짜 인생이 시작되지 않은 것처럼

생각한다. 〈Sex and the city〉의 트렌디한 여주인공 Carrie Bradshaw
도 세입자라는 이유로 불안해 했었다. 하지만 Tom과 Terri가 증명하듯
이, 때로는 소유하는 것보다 임차하는 것이 더 합리적일 수 있다. 여러
분 각자의 상황, 즉 어디에 살고, 얼마나 오래 살지에 따라 다르다. 집
을 살 때 옵션을 고려하듯, 데이터에 따른 매수−임차 손익분기점을
지침으로 삼으시기를 바란다.

Greenville의 단독주택(@Zillow)

# 3. 새롭게 뜰 지역을 예측하는 방법

영화를 보면 시간여행에 명확한 규칙이 있는 것 같지는 않다. 과거로 수십 년을 돌아가려면 〈Back to the future〉처럼 flux capacitor만 있으면 된다. 이렇게 시간여행이 나오는 모든 영화들에 공통적인 장면이 하나 있는데, 바로 "Apple 주식을 사라"는 것이다. 이렇듯 과거로 돌아가 부동산 시장에서 어떤 일이 일어날지 미리 알 수 있다면 어떨까? 여러분들은 20년 전 과거로 돌아가 자신에게 어느 지역의 부동산을 사두라고 말할 수도 있다. 왜냐하면 현재 우리들은 그 지역이 20년 후에 아주 비싼 지역으로 바뀔 것을 이미 알고 있기 때문이다.

비록 우리가 시간여행을 할 수는 없지만, 차선책 정도는 만들어 볼 수도 있다. 데이터를 분석해 특정 지역의 부동산 가치가 미래에 상승할 가능성이 있는지 여부를 찾아낼 수 있기 때문이다. 기본적으로 도심과의 접근성이나 주택 재고량을 활용할 수 있다. 데이터를 활용한 통찰력으로 우리는 오늘 당장 더 현명해질 수 있고, 미래를 위한 최고의 주택을 매수할 수도 있다.

## 장래입지의 중요성

집을 구입할 때 중요한 세 가지는 오직 "입지, 입지, 그리고 입지"라는 격언이 있다. 하지만, 우리의 데이터는 이 격언이 절반만 맞다는 것을 보여준다. 현재의 입지보다 더 중요한 것은 장래의 입지다. 주택 구입은 경제적인 측면에서도 지리적인 측면에서도 아주 중요한 의사결정이다. 한번 주택을 구입하면 앞으로 몇 년 또는 수십 년 동안 우리에게 영향을 미치기 때문이다. 직접 살 목적으로 샀든, 투자 목적으로 샀든 다르지 않다. 주택의 가치는 매매계약서에 서명을 한 날보다 그 이후의 변화가 훨씬 더 중요하다.

수도권 내 좋은 지역의 주택을 구입하는 것이 반드시 최고의 투자전략은 아니다. 때로는 앞으로 좋아질 것으로 예상되는 지역의 주택을 사는 것이 더 좋은 전략이 될 수도 있다. 타임머신도 없이 어떻게 예측할 수 있겠냐고 생각하겠지만, 데이터를 자세히 살펴보면 집값이 상승할 가능성이 높은 지역을 아주 높은 확률로 찾아낼 수 있다.

주택가치에 영향을 미치는 요인은 여러 가지가 있지만, 여기에 한 가지 중요한 사실이 있다. 주택 가치가 변하는 패턴은 결코 무작위적이지 않으며, 몇 년 또는 수십 년에 걸쳐 분명한 패턴이 존재한다는 것이다. 우리는 주택을 구입하기 전에 이러한 패턴을 반드시 살펴야 한다.


## 도심에 가깝다고 해서 최고일까?

대부분 대도시 도심에 있는 주택이 가장 비싸다. 출퇴근 시간을 아낄 수 있고, 맛집이 많으며, 미술관, 공원, 카페 등등 전체적인 인프라가 좋기 때문에 사람들은 기꺼이 프리미엄을 지불한다. 도심 내 주택이라면 수도권 외곽에 있는 주택보다 물리적인 상태가 좋지 못하더라

Arizona주 Phoenix

도, 지역이 가진 프리미엄에 의해 훨씬 더 비싸게 팔릴 것이다. 도심에서 멀어질수록 주택가격이 떨어지기 마련이다.

그런데 우리 데이터에 따르면, 도심과 외곽의 주택가격 격차는 매년 줄어들고 있다. Arizona주 Phoenix시의 주택가격 그래프를 보면, 외곽 지역의 주택가격이 상승하는 패턴을 볼 수 있다. 다음 차트의 각 막대는 도심에서 10마일약 16km 떨어진 거리를 나타낸 것인데, Phoenix시 중심에서 30~40마일 떨어진 주택은 30년 전까지만 해도 도심 주택가격의 10% 수준이었지만, 현재 40%까지 상승했다. 1970년부터 2000년까지 Texas주 Dallas시에서도 같은 현상이 나타났다. 도심에서 30~40마일 떨어진 지역의 주택가격은 1970년에 도심 대비 40% 수준이었지만 현재 60% 수준으로 좁혀졌다. 만약 시간을 1970년으로 되돌릴 수 있다면, Phoenix시 외곽에 있는 집을 사두면 좋을 것이다.

그런데 이런 분석만으로는 주택가격의 변화를 온전히 설명하기는 어렵다. 주택가격은 단순히 도심에서의 거리만으로 결정되는 것이 아니라 다양한 요인의 영향을 받기 때문이다.

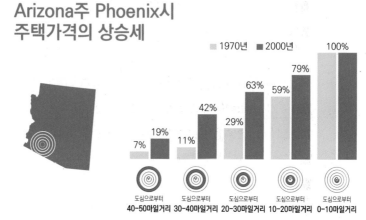

## Arizona주 Phoenix시
## 주택가격의 상승세

■ 1970년  ■ 2000년

| 7% | 19% | 11% | 42% | 29% | 63% | 59% | 79% | 100% | 100% |

도심으로부터 **40-50마일거리** 도심으로부터 **30-40마일거리** 도심으로부터 **20-30마일거리** 도심으로부터 **10-20마일거리** 도심으로부터 **0-10마일거리**

도심 대비 상대적인 주택가격의 비율을 나타냄                 출처: 미국 인구조사국

## 좋은 타이밍이 올 때까지 기다려라

데이터를 더 자세히 들여다보니, 도심과의 거리는 주택가격에 부분적으로만 영향을 미친다는 것을 알 수 있었다. 사실, 도심을 둘러싸고 있는 동심원 안에서도 얼마든지 지역 간 격차가 있을 수 있다. 데이터를 활용해 이러한 지역을 식별할 수 있다면, 우리는 향후 주택가격에 대한 정확한 아이디어를 얻을 수 있을 것이다.

새롭게 뜰 지역을 예측할 수 있는 가장 쉬운 방법은 인구의 유출을 살펴보는 것이다. 사람들은 보통 맛집, 카페, 공원이 가까운 곳에서 살기 위해 프리미엄을 지불하기도 하지만, 또 한편으로 집값이 조금이라도 싼 곳을 선호한다. 만약 사람들이 상대적으로 주택가격이 저렴한 도심 주변지역으로 유입된다면, 그 지역에도 자연스럽게 새로운 맛집과 카페가 생겨나게 될 것이다. 도심 내 핵심지역으로부터 인접한 지역으로 문화적 파급효과가 발생하는 것이다. Zillow에서는 이런 현상을 "후광 효과"라고 부른다. 그동안 개발이 다소 미진했던 주변지역도 주택가격이 상승할 여지가 충분히 있다. 그래서 가장 좋은 투자전략은 핵심지역이 아닌, 핵심지역에 인접한 주변지역에 투자하는 것이다.

현명한 매수자라면 도시의 멋진 지역을 둘러싸고 있는, 상대적으로 덜 개발된 지역으로 이사하는 것이 좋다. 시간이 지나면서 집값은 오르고, 도심의 핵심지역과 크게 다르지 않은 인프라가 구축될 것이다. 좋은 타이밍이 올 때까지 조금만 기다리면 되는 것이다.

물론 모든 도시들에서 이러한 현상이 발생하는 것은 아니지만, 적어도 New York, Charlotte, Chicago와 같은 다양한 도시에서는 강한 후광 효과가 나타났었다. New York을 예로 들자면, 1997년 New York 최고의 지역은 Tribeca였다. Tribeca의 주택가격은 도시 평균의 3배에 육박했었다. Tribeca 옆에는 SoHo가 있었는데, 이곳의 주택가격 역시 도시 평균의 2.5배 이상이었다. 하지만, 그 근처에 있는 몇몇 지역의 주택가격은 도시 평균에 미치지 못하는 수준이었는데, East River 건너편의 Brooklyn DUMBO 지역의 경우, 도시 평균의 70% 수준에 불과했다. 하지만 15년이 지난 지금, 당시 주택가격 하위 지역은 이미 최고 지역을 역전했다. DUMBO 지역의 집값은 1997년부터 2012년까지 15년 동안 617% 상승했는데, 이는 같은 기간 374% 상승한 Tribeca보다 높은 수치다. 우리는 Chicago와 Charlotte시에서도 같은 패턴을 발견했다. 최고의 지역을 둘러싼 인접 지역은 주택가격이 낮았던 만큼 훨씬 더 빠르게 성장했다.

New York시 Tribeca와 DUMBO 지역

모든 도시에서 후광 효과가 발견되는 것은 아니라는 점에도 주목할 가치가 있다. 예를 들어, Seattle의 최고지역인 Laurelhurst의 경우 인접 지역이 더 빨리 성장하지는 않았다. 이는 Seattle이 우리가 분석했던 다른 도시들에 비해 훨씬 더 동질적인 곳이기 때문일 수도 있다. Laurelhurst 인접 지역은 이미 주택가격이 높았고, 후광 효과가 발생하지 않았다.

후광 효과를 누리기 위해 반드시 핵심지역과 물리적인 거리가 가까워야만 하는 것은 아니다. 물리적인 거리보다 중요한 것은 실질적인 접근성이다. New York에서 후광 효과를 나타냈던 지역들은 대부분 지하철이나 철도로 연결된 지역이었다. DUMBO 지역은 East River에 의해 Tribeca와 떨어져 있었지만, 대중교통을 이용한 접근성이 무척 좋았던 것이다.

# 후광 효과

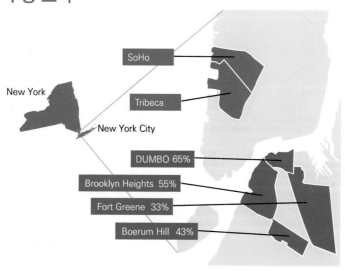

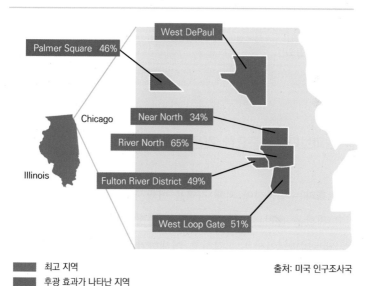

최고 지역

후광 효과가 나타난 지역
(% = 최고 지역 대비 상대적인 가격상승률)

출처: 미국 인구조사국

## 후광 효과와 지하철 노선

SoHo

Tribeca

New York

New York City

DUMBO 65%

Brooklyn Heights 55%

Fort Greene 33%

Boerum Hill 43%

■ 최고 지역
■ 후광 효과가 나타난 지역
(% = 최고 지역 대비 상대적인 가격상승률)
── 지하철 노선

출처: 미국 인구조사국, Zillow

## 후광 효과보다 더 중요한 것은 젠트리피케이션

후광 효과는 접근성에 의해 지역을 변화시킨다. 그런데, 지역을 변화시키고 집값을 올리는 훨씬 더 복잡한 과정이 바로 '젠트리피케이션●'이다. 젠트리피케이션은 복잡하고 이해하기 어려운 용어지만, 오늘날

● 젠트리피케이션: Gentrification

East Village 전경(@Loving New York)

미국 도시의 형성과정을 잘 보여준다. 젠트리피케이션이 어떤 방식으로 진행되는지 이해하기 위해 과거의 예를 살펴보자.

East Village는 현재 Lower Manhattan에서 가장 트렌디한 지역이다. 하지만 19세기와 20세기 초반까지만 해도, 이 지역은 분주한 이민자들의 항구였고 상대적으로 임대료가 저렴했다. 1950년대 들어 방랑자 기질을 갖고 있던 비트 세대들이 임대료가 싼 East Village로 모여들기 시작했는데, 이들은 낡고 좁더라도 적당한 크기의 아파트에 사는 것을 선호했다. 낙후한 지역이었지만, 임대료가 아주 매력적이었던 것이다.

1960년대가 되자 비트 세대들이 히피, 음악가, 예술가 친구들을 불러오기 시작했다. "임대료를 나누어 내면 거의 무료 수준으로 머물 수 있고, 여기에는 홈스튜디오를 위한 공간도 있다"고 광고를 하자, 점점 더 많은 젊은이들이 East Village에 합류했다. 그러자 이들을 위한 레스토랑, 바, 갤러리, 클럽들이 생겨나기 시작했고, 펑크 록 공연장의 상징인 'CBGB'도 1973년 East Village에 문을 열었다. 이들은 친구들에게 이 동네가 얼마나 싸고 좋은지 자랑하기 시작했고, 그 친구들의 친구의 친구까지 몰려들기 시작했다.

East Village는 1990년대까지 지속적으로 발전했고, 비주류 문화에 대한 편견이 사라지면서 새로운 흐름이 나타났다. 부동산 회사와 투자자들이 기회를 엿보기 시작한 것이다. 그들은 사람들이 이런 문화의 중심에서 살기 위해 충분한 프리미엄을 지불할 것이라고 예상했다. 부동산 개발회사들이 East Village의 건물을 매입하기 시작했다. 그들은 기존 건물을 리노베이션 하거나, 새로운 건물을 짓기 시작했다. 지역에 새로운 변화가 시작되자 낮았던 주택가격이 오르기 시작했다. 물론 임대료도 기존의 세입자들이 감당할 수 없는 수준으로 함께 올랐고, 기존 세입자들은 다시 저렴한 임대료를 찾아 다른 지역으로 이사했다. East Village는 이제 완전히 새로운 거주민들로 재구성되었고, 이 과정에서 지역은 고급화되었다. 이제는 상류층 '젠트리'들이 이 지역에 살고 싶어 한다. 과거에 저소득층이 주를 이루던 East Village에 이제 젊은 전문직과 부유한 예술가, 디자이너가 사는 것이다. 집값은 하늘 높이 치솟았다.

젠트리피케이션의 파급효과는 단순히 부동산 시장에 국한되지 않는다. 젠트리피케이션은 인종, 계급, 돈, 정치와 불가분의 관계에 있다. 오늘날 미국 전역, 특히 San Francisco의 유서 깊은 Mission District에서는 젠트리피케이션의 장단점에 대한 열띤 토론이 벌어지고 있다. 회의론자들은 젠트리피케이션의 힘이 막대한 부의 유입을 가져올 수 있지만 수년 동안 그곳에 살았던 사람들에게는 도움이 되지 않는다는 점을 지적한다. 대부분 저소득층이거나 소수집단인 지역 주민들이 치솟는 임대료와 높은 재산세에 대한 부담으로 다른 지역으로 이사를 가야 한다. "동네의 얼마나 많은 커피숍이 스타벅스로 바뀌었습니까?" 이들은 대형 프랜차이즈가 그 지역의 자영업자를 대체하고 있다는 것을 비판한다.

하지만 부동산 개발회사와 집주인 외에도 많은 사람들이 스타벅스의 입점을 환영한다. 이 지역의 집주인들은 젠트리피케이션으로 많은 부를 누렸고, 주민들 역시 기반시설, 도로, 학교, 공원 등 새로운 인프라의 혜택을 누렸다. 치안은 더 좋아졌고, 새로운 비즈니스의 기회가 열렸다. Adam Sternbergh는 한 New York 잡지에 "젠트리피케이션이 뭐가 문제인가?"라는 논평을 실었는데, 그는 "폐허가 된 지역에 힙스터들의 캐리커처 작품이 들어오는 동안, 젠트리피케이션이 아니었다면 그 지역에는 황폐한 주민들만 남아있었을 것이다."라고 말했다.

서로 다른 의견이 대립하는 가운데 우리가 쉬운 답을 얻어낼 수는 없다. 다만 우리는 데이터를 활용해 젠트리피케이션을 주도하는 힘이 무엇인지, 몇 가지 통찰을 얻을 수 있었다.

## 젠트리피케이션에 영향을 미치는 두 가지 요인

데이터를 살펴보니 무엇보다 한 가지는 분명했다. 젠트리피케이션은 무작위적으로 발생하는 것이 아니라는 점이다. 많은 지역에서 재개발의 씨앗은 20~30년 전에 심어진 경우가 많았다. 집이 오래되었을 수록, 자가점유율이 낮을수록, 인기 있는 도심지역으로의 접근성이 좋을수록, 젠트리피케이션이 발생할 가능성이 높았다. 지역 인구의 소득이나 교육수준 같은 요인들도 상관관계가 있긴 하지만, 인과성은 훨씬 낮았다.

젠트리피케이션의 전조를 찾기 위해, 우리는 2002년 12월부터 2012년 12월까지 전국 도시를 대상으로 주택가격이 낮은 하위그룹을 선별했다. 그리고 이 지역들의 공통점을 찾기 위해 지역 역사를 조사했다. 가장 중요한 지표는 주택의 연식이었다. 주택이 오래되었을 수록 해당 지역에 젠트리피케이션이 발생할 가능성이 높았다. 1980년에 40년 이상 된 집이 17% 이상이었다면, 47%의 확률로 젠트리피케이션이 발생했다. 반면 신규 주택이 많은 지역에서 젠트리피케이션이 발생할 확률은 24%에 불과했다. 집이 오래되었다는 것은 재개발의 여지가 많다는 것을 의미한다. 장래 가치 상승을 기대하고 있다면, 오래된 주택을 사는 것이 좋다.

물론 이것만으로 젠트리피케이션을 완전히 파악할 수는 없다. 결국 젠트리피케이션은 재투자를 통한 지역 변화의 과정이고, 단순히 집값 상승이 본질은 아니다. 우리는 보다 구체적인 젠트리피케이션의 원인을 찾기 위해, 소득 변화 및 신규 투자율과 같은 변수를 추가적으로 반영한 지수를 개발했다. 이 지수에 따르면, New York시에서 젠트리피케이션이 발생할 가능성이 높은 지역은 Carroll Gardens와 Park Slope 지역이다. 이 지역은 아름답고 오래된 브라운 스톤, New York항을 향한 탁 트인 전망을 특징으로 하는 남부 Brooklyn의 히스패닉계 구역 Sunset Park처럼, 숨은 진주와도 같다.

New York시 Carroll Gardens와 Park Slope 전경

지수를 적용해 Los Angeles와 Chicago에서도 Downtown LA 북쪽에 있는 Eco Park, Chicago의 South Commons를 찾아낼 수 있었다. 우리는 이 지역들의 공통점이 무엇인지 찾기 위해 20~30년 전으로 거슬러 올라갔는데, 가장 강력한 공통점은 낮은 자가점유율이었다. 1980년에 자가점유율이 낮았던 지역이라면 향후 젠트리피케이션이 발생할 가능성이 훨씬 더 높다는 것인데, 자가점유율이 낮으면 부동산 개발회사가 기존 주택을 매입하기 훨씬 용이하기 때문이다.

젠트리피케이션을 예측하는 요인은 복합적이며, 지역마다 다르게 나타났다. 하지만 어디까지나 젠트리피케이션이 발생할 수 있는 가능성일 뿐이라는 점을 기억하자. 어떤 지역은 젠트리피케이션 없이 점진적으로 성장하며 변화할 수도 있다. 하지만, 아주 오래된 집이 있는 지역이라면, 여전히 성장할 여지가 많다. 따라서 향후 집값이 급격히 상승할 지역을 찾고 있다면, 주택의 연식과 자가점유율부터 확인해보자.

## 역사에서 배우고 미래를 예측한다

고등학교 역사 시간에 "과거를 기억하지 못하는 사람들은 그것을 반복하기 쉽다"는 격언이 나온다. 하지만 이 격언은 절반만 맞다. 우리는 과거로부터 배울 수 있지만, 그걸 그대로 반복할 수도 있기 때문이다. 역사에서 교훈을 찾을 때만, 미래는 훨씬 더 예측 가능한 곳이 된다.

타임머신 없이도 새롭게 뜰 지역을 찾을 수 있다. 주택의 연식과 자가점유율이 낮은 지역을 찾으면 된다. 당신이 그 지역에 집을 산다면, 상당한 집값 상승을 누릴 수 있을 것이다. 이제 가만히 앉아서, 미래가 우리에게 다가오도록 만들어보자.

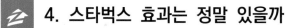

# 4. 스타벅스 효과는 정말 있을까

## 카페라떼로 집값을 올리다

젠트리피케이션에 대한 얘기를 했으니, 이제 어떤 요인이 지역의 변화를 촉진시키는지 궁금할 수 있다. 정답은 우리 모두의 연료나 다름없는 '커피'다. 대표적인 커피 로스터이자 소매기업인 Starbucks는 이미

$15조 규모의 회사로 성장했으며, 세계 60개국에 19,000개 이상의 매장을 갖고 있다. 두바이, 사우디아라비아, 스위스, 심지어 크루즈 배에서도 우리는 Starbucks 로고를 만날 수 있다. 베를린 장벽이 있었던 자리에도 Starbucks 커피숍이 들어섰고, Spencer의 책상도 Pike Place Market에 있는 Starbucks 1호점을 향하고 있다.

Starbucks의 사명은 "인간 정신의 고취 — 한 번에 한 사람, 한 컵, 한 명의 이웃"이다. 큰 시험을 앞두고 전날 밤 벤티 카라멜 마끼아또를 먹는 대학생이라면, 분명 Starbucks가 한 인간의 정신을 고취시킨다고 할 수 있을 것이다. 그런데, Starbucks는 다른 것과도 관련이 있다. 바로 집값 상승이다.

Starbucks가 주택가격과 얼마나 밀접하게 관련되어 있는지 알아보기 위해, Starbucks 매장의 위치를 Zillow 데이터와 비교했다. 사실 Seattle에 있는 Starbucks 본사는 우리 회사에서 가까운데, 우리는 운 좋게도 Starbucks 매장의 입지를 분석하고 결정하는 부동산 분석팀을 만날 수 있었다.

## 스타벅스 근처의 집을 사라

특정 소매 체인점의 가치를 예측하는 것이 별로 의미가 없다고 생각할 수도 있겠지만, Starbucks 매장의 위치는 매번 높은 수익성을 보여주고 있다. 일반적으로 Starbucks 매장 근처의 주택은 매물가격도 비싸고, 주택시장 경기의 영향도 덜 받고 있다고 하는데 실제로 그럴까?

과거 데이터를 분석해보면, Starbucks 매장에서 400m 이내에 위치한 주택들의 평균 거래가격은 $137,000 약 1.6억 원이었고, 그렇지 않은 주택은 $102,000이었다. 17년이 지난 2014년, 미국의 평균 주택가격은 65% 상승한 $168,000이다. 하지만, Starbucks와 인접해 있는 부동산은 $269,000로 96% 상승했다.

물론, 주택가격은 여러 가지 이유로 오르거나 내린다. Starbucks와 얼마나 관련이 있었을까? 어쩌면 Starbucks가 아닌 그 지역 자체의 효과일 수도 있지 않은가. 우리는 더 정확한 관련성을 파악하기 위해, 다른 커피체인점인 Dunkin Donuts를 분석했다. Dunkin Donuts 인근의 주택 거래가격을 살펴보니, 미국 평균 주택가격보다는 가격 상승이 높았지만, Starbucks 만큼은 아니었다.

실제로 1997년에서 2012년까지 Starbucks와 Dunkin Donuts 근처의

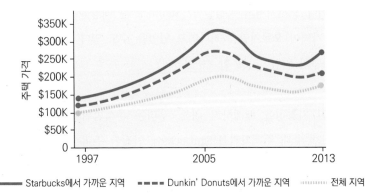

⚡ Starbucks, Dunkin Donuts 인근 주택가격 추이

**프라푸치노 효과**

━━━ Starbucks에서 가까운 지역    ▪▪▪▪ Dunkin' Donuts에서 가까운 지역    ⋯⋯⋯ 전체 지역

주택은 미국의 평균 주택가격과 동일한 흐름을 보였지만, 가격수준은 더 높았다. 주택경기가 회복되는 시점에서는 차이가 더 벌어졌는데, 오늘날 Dunkin Donuts 근처의 주택은 1997년 이후 80% 상승한 반면, Starbucks 근처의 집은 96% 상승하여 거의 두 배가 되었다.

⚡ Starbucks, Dunkin Donuts 인근 주택가격과 미국 평균 주택가격의 비교

## 주택가격 상승률:
## Starbucks vs. Dunkin' Donuts

| 주택 종류 | 1997년 이후 최고상승률 (2007년 4월) | 1997년 이후 최저상승률 (2012년 1월) | 1997년부터 2013년까지 |
|---|---|---|---|
| 🏠👥 전체 주택 | 92% | 49% | 65% |
| 🏠☕ Starbucks 인근 주택 | 139% | 67% | 96% |
| 🏠◉ Dunkin' Donuts 인근 주택 | 136% | 70% | 80% |

우리는 미국의 Starbucks 매장 지도를 보면서, 많은 매장이 해안가와 도시지역에 밀집해 있음을 알 수 있었다. 그렇다면 Starbucks 효과는 해안지역이나 도시지역의 특성일까? Starbucks는 매장을 열고 해당 지역 부동산 가격이 오르기만을 기다리고 있었을 수도 있다. 꼭 Starbucks가 집값 상승의 원인이라고 할 수 있을까?

이러한 가능성을 배제하기 위해, 우리는 분석범위를 400m 이내로 좁혔다. 범위 내 주택가격을 Starbucks에 인접한 주택가격과 비교하되, 이를 매장 오픈 이후 5년 동안 추적해 Starbucks 효과에 의한 가격 변화인지 확인했다.

분석해보니, Starbucks에 인접한 주택가격이 400m 이내에 있는 주택 가격보다 높았다. Starbucks에서 가장 가까웠던 주택의 가격은 5년 동안 21% 이상 상승했지만, 약간 떨어져 있는 주택은 17% 수준이었다. 물론 이런 차이가 개별 주택의 구체적인 입지에 따른 결과일 수도 있겠지만, Starbucks가 주택가격에 긍정적인 영향을 미친다는 사실은 명확해 보였다. 이유가 무엇이든, 사람들은 정말 커피를 마시는 것을 좋아할 뿐만 아니라, Starbucks 근처의 집에 프리미엄을 지불하고 있었다. 그리고 Starbucks의 프리미엄은 경쟁사인 Dunkin Donuts보다 컸다.

## Starbucks 매장 입지의 선택: 예술이자 과학

이 데이터를 가지고 우리는 Seattle의 Starbucks 본사를 찾았다. 우리는 Starbucks 매장의 입지선정을 총괄하고 있는 Arthur Rubinfeld와 그의 팀원들을 만났는데, 그들도 이러한 Starbucks 효과가 데이터에 기반한 의사결정의 산물이라는 사실에 동의했다.

Starbucks의 부동산 분석팀은 20명의 전문가가 지리정보시스템을 활용해 데이터를 조사하고 있었는데, 해당 지역의 교통과 비즈니스 요소를 평가하되 그 지역 팀이 스스로 결론을 내릴 수 있도록 권한을 부여하고 있었다. 놀라운 점은, 이렇게 방대한 데이터와 현지 기반 의사결정 시스템에도 불구하고, Starbucks에 단 하나로 정리된 입지선정법칙 같은 것이 없었다는 것이다. 팀장 Arthur Rubinfeld는 "Starbucks의 아름다움은 부동산 입지에 대한 우리의 이해에서 비롯됩니다."라고 말했다. 부동산 입지의 선정이 예술이자 과학의 영역이라는 것이다. 그의 팀원 역시 "우리는 과학처럼 일관성 있는 결과를 제공하려고 노력하고

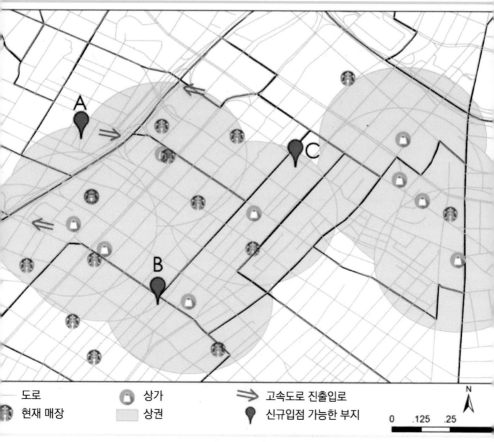

| 도로 | 상가 | ⇒ 고속도로 진출입로 | N |
| 현재 매장 | 상권 | 신규입점 가능한 부지 | 0 .125 .25 |

Starbucks의 매장 입지 분석 프로그램

있습니다. 각 지역의 의사결정권자가 쉽게 결정을 내릴 수 있도록, 필
요한 모든 것을 제공합니다."라고 말했다.

　Zillow가 Starbucks보다 입지 분석을 더 잘 할 수는 없지만, 이 책의
목적도 같다. 우리는 여러분들이 부동산과 관련해 더 쉽게, 더 현명한
결정을 내릴 수 있도록 데이터를 제공하고자 한다. 사실, 집을 살 때는
여러 주관적인 요소가 반영되기 마련이다. Starbucks라는 상호는
Herman Melville의 고전 소설 〈Moby-Dick〉의 일등 항해사 Starbuck

에게 영감을 받았다고 하는데, 완벽한 집을 찾는 것은 소설에서 흰 고래를 쫓는 것처럼 느껴질 수도 있다. 그러나 우리는 여러분들의 여정을 돕기 위한 여러 데이터를 가지고 있다. 자, 이제 샷을 추가한 벤티 스킴 라떼를 들고 여러분들에게 딱 맞는 집을 찾아보시기를 바란다.

# 5. 최고의 지역에서 최악의 집을 사라

때로는 속담이 현명한 조언이 되기도 한다. "내 손의 한 마리 새가 덤불 속 두 마리보다 낫다", "깨끗함은 경건함의 옆에 있다", "고장난 시계도 하루에 두 번은 맞다", "행운은 준비된 사람에게 찾아온다" 등등, 모두 우리가 살아가는 데 필요한 현명한 조언이다. 하지만, 부동산 시장에서는 이런 속담들이 잘 통하지 않는 것 같다. "최악의 집은 바로 최고의 지역에 있다"고들 하기 때문이다.

이런 투자전략을 지지하는 사람들은 좋은 지역에서 저평가된 주택을 사는 것이 확실한 투자라고 주장한다. 지역 자체의 가격수준이 높다면, 아무리 열등한 주택이라도 가치가 동반 상승할 것이기 때문이다. 실제 이런 투자전략은 수십 년 동안 많은 사람들에게 받아들여지고 있다. 1970년대 후반, 어떤 신문이 이 전략을 부동산 투자의 기본 원칙으로 소개했는데, 1987년 《Chicago Tribune》도 "거리에서 제일 안 좋아 보이는 집을 사세요"라는 제목으로 질문을 던지기도 했다.

2010년 Rich M.은 Seattle의 Capitol Hill 지역에서 허름한 집 한 채를 구입했다. 그는 이 집을 리노베이션 한 후 〈This Old House〉라는 리모델링 잡지에 비포 앤 애프터 사진을 보냈고, 리모델링 콘테스트 결선까지 진출했다. 사진에는 "최고의 지역에서 최악의 집을"이라는 설명을 붙였다. 영국 예술가 David Hockney도 여기에 대해 "최악의 집을 보지 않으려면, 그냥 거기에 살면 된다."라고 말했다. CNN Money, Investopedia, Robert Bruss에 이르기까지, 여러 채널의 전문가들도 이러한 투자전략이 최선이라고 우리를 설득하고 있다. 그런데 이들의 말이 정말 맞을까? 최고의 지역에서 최악의 집을 사라는 전략은, 현명한 투자일까 아니면 그저 통념일 뿐일까?

이번에도 우리는 진실을 밝히기 위해 데이터를 활용했다. 우선 특정 지역에서 가장 저렴한 하위 10%의 주택들을 자세히 살펴보았다. 우리는 매수자가 해당 지역의 시세보다 훨씬 싸게 집을 구입했을 때 어떤 장점이 있는지 알고 싶었다. 그래서 하위 10%의 주택을 나머지 주택과 비교했다. 만약 하위 10%의 주택이 다른 주택보다 가격 상승률이 높았다면, 최고의 지역에서 최악의 집을 사는 투자전략은 실제로 효과가 있다고 볼 수 있을 것이다. 하지만, 그렇지는 못했다.

분석결과, 하위 10%의 주택이 다른 주택 대비 가격 상승률이 높았던 경우는 거의 없었다. 수익률이 더 높지는 않았지만 저렴하게 구입했으니, 그다지 좋지도 나쁘지도 않은 중립적인 투자전략이었던 것이다. 하지만, 좀 더 깊이 들어가보니, 최악의 집을 사는 투자전략이 역효과를 내는 경우도 있다는 것을 알 수 있었다.

　여기 가상의 두 가족, Neimans와 Marcuses가 있다. 둘 다 Dallas에서 새 집을 구하고 있다. Neimans는 젊고 현재 연애 중인데 지금까지 저축을 많이 하지는 못했다. 사실 집을 살 여유가 되는지조차 확신하지 못하고 있었다. 그는 Fort Worth의 교외 지역인 Eagle Ranch에서 작은 방갈로를 발견했는데, 그 집은 지역 내 하위 10%에 속할 정도로 상태가 좋지 못했다.

　한편, Marcuses는 저축이 꽤 있었고 비싼 집을 살 수 있는 여력이 있었다. 그는 Eagle Ranch에서 좋은 주택을 살 수도 있었지만, 대신

미국 교외 지역의 방갈로

더 좋은 지역인 North Dallas에서 싼 집을 고르기로 했다. 비록 그 집이 드림하우스는 아니었지만, 주변의 더 비싼 주택들이 그 집의 가치도 함께 끌어올릴 것이라고 생각했다.

Eagle Ranch의 Neimans에게는 어떤 일이 일어났을까. 주변의 다른 집들은 모두 가격이 올랐지만, 그의 집은 여전히 4%p 정도 뒤처져 있었다. North Dallas의 Marcuses는 더 심했다. 그의 집은 주변 대비 20%p나 낮았기 때문이다. 두 가족 모두 최악의 집을 사는 전략으로 성공적인 투자를 하지 못했다. North Dallas의 Marcuses가 Eagle Ranch의 Neimans보다 더 안 좋은 상황이었을 뿐이다.

그렇다면, 왜 하위 10%의 집들은 수익률이 더 낮은 걸까? 가장 설득력 있는 대답은 좋은 지역일수록 저렴한 주택에 대한 수요가 적다는 것이다. 고급 지역에서는 고급 주택에 대한 수요가 가장 높다. 예를 들어, 《New York Times》가 몇 년 전 "New York에서 가장 으스대는 인간들의 집합소"라고 묘사했던 Brooklyn 서쪽 Park Slope에서 $375,000 <sub>약 4.4억 원</sub>의 협동주택을 판다고 해보자. Park Slope의 주택가격은 전국 평균 주택가격의 6배가 넘는다. Park Slope에 집을 사는 젊고 잘나가는 여피들은 고작 $375,000의 싸구려 협동주택에 관심이 없다. 최고의 지역에서 최악의 집을 사봤자, 그 지역에서 가격이 오를 가능성이 가장 낮은 집이 될 뿐이라는 것을 알고 있기 때문이다.

## 최고의 지역이 아닌 뜨는 지역에서 최악의 집을 사라

하위 10% 수준의 집으로 수익을 낼 수 있는 곳이 전혀 없을까? 그렇지는 않다. 하지만 최고의 지역이 아닌 새롭게 뜨는 지역에 있는 최악의 집을 골라야 한다. 이런 지역에서는 하위 10%의 주택으로도 꽤 괜찮은 수익을 낼 수 있었다.

'뜨는 지역'의 기준은 5년 연속 주택가격이 상승하고 있는 지역을 말한다. 콘도나 아파트 같은 고밀도 개발로 부동산 가격이 상승하고 있는 Pennsylvania주 Pittsburgh 같은 지역이다. 우리는 2008년 이후의 데이터를 활용해 Pittsburgh의 역사지구인 Manchester에서 이러한 현상이 나타나고 있음을 알 수 있었다. Manchester는 20세기 철강산업에 기반해 부를 축적한 도시였다. 과거 Manchester 주민들이 교외로 이주하면서 주거환경이 다소 악화되기도 했었지만, 지금은 두 번째 전성기를 맞으며 인구가 증가하고 있다. 그리고 지난 5년 동안 Manchester 주택가격은 가파르게 오르고 있다.

역시 가상의 가족인 Roethlisbergers가 집을 구하고 있다고 하자. 그들은 Manchester에서 낡은 집 한 채를 싸게 매입했다. 앞서 Neimans나 Marcuses와 달리 Roethlisbergers의 이야기는 해피엔딩이다. Manchester 같이 뜨는 지역에서는 하위 10%의 주택이 더 비싼 주택 대비 4%p 높은 수익률을 보였다. 최악의 집으로 수익을 낸 것이다.

불행히도 Manchester와 같이 새롭게 뜨는 지역에서도 하위 10% 주택에 투자하는 것은 타이밍이 절대적으로 완벽할 때에만 효과가 있다. 가격 상승폭이 둔화된 지역에서는 하위 10% 주택의 수익률은 지역의

Manchester 주택가 전경(@Pittsburgh Post)

평균을 밑돈다. 즉, 주택가격 상승이 지속되고 있을 때 투자를 해야 한다는 것이다. 이런 투자전략에 대한 몇 가지 유의사항이 있는데, 우선 특정 지역이 뜨고 있다는 판단을 할 때 정상적인 가격 상승인지 투기적 급등인지 잘 살펴야 한다. 또한, 주택가격의 상승 여력이 유지될 수 있을지 판단해야 한다. 만약, 신축 주택이 모두 분양되었다면, 기존 재고주택은 활용도가 낮아 투자수익을 내기는 어렵기 때문이다.

Las Vegas Strip은 최악의 집을 살 수 있는 최악의 지역 중 하나이다.

Strip은 한때 뜨는 지역이었지만, 카지노, 관광명소와 가깝다는 이유로 인기를 잃고 말았다. Strip 지역의 하위 10% 주택은 다른 지역에 비해서도 9%p 낮은 수익률을 내고 있다. 최악의 주택에 베팅했던 매수자는 Las Vegas에서는 주택 투자마저 쉽지 않다는 사실을 배웠을 것이다.

격언이 틀리지 않을 때도 있지만, 항상 격언이 옳은 것도 아니다. 데이터는 제대로 된 지역에서 괜찮은 집을 사라고 말하고 있다. 여기서 괜찮은 집이란? 바로 하위 10%에 속하지 않으면서 여러분들이 살 수 있는 가장 비싼 집이다.

# 6. 예산에 맞는 최고의 학군을 찾는 방법

우리는 집을 살 때 학군도 함께 고려한다. 설문조사에 따르면, 응답자의 91%가 집을 살 때 학군이 중요하다고 답했다. 나 역시 자녀를 둔 부모로서 충분히 공감한다. 일반적으로 학군이 좋은 지역이 주택가격도 높다. 학군에 대한 수요가 곧 주택에 대한 수요로 이어지기 때문이다.

대부분의 미국 학교는 지방자치예산으로 운영되기 때문에, 주택가격이 높은 지역에서는 그만큼 재산세도 높고, 학교예산도 많다. 학생 1인당 책정된 예산이 다르기 때문에, 좋은 지역에 있는 학교는 더 많은 교사를 고용할 수 있고, 좋은 시설을 갖출 수 있으며, 교실에 새 컴퓨터를 갖출 수 있다. 즉, 좋은 학군이 자산가치를 높이고, 자산가치가 다시 학교의 품질을 높이는 상호작용을 한다. 그래서 대부분의 사람들은 여력이 되는 한 가장 학군이 좋은 지역에 집을 사려고 한다.

그런데 학군이 좋은지 어떻게 알 수 있을까? 혼자서 하기는 어렵다. 그래서 Zillow는 학교와 관련된 데이터를 해당 지역의 주택가격과 연결시킨 데이터 세트를 만들었다. 연방기관인 GreatSchools에서는 학부모에게 학업성과 데이터를 제공하고 있는데, 해당 학교의 주정부 시험 성적을 기준으로 최저등급(1점)에서 최고등급(10점)까지 점수를 부여하고 있다.

우리는 주택가격과 학군의 관계가 가장 낮은 곳, 다시 말해 평등한 공교육을 제공하고 있는 지역이 South Carolina, New York 그리고 New Mexico임을 알 수 있었다. New Mexico의 주택가격은 전국 하위 10%에 속하지만, 그 자녀들은 다른 지역과 마찬가지로 좋은 품질의 교육 서비스를 받고 있다. 반면, Ohio, Pennsylvania, Michigan 같은 Rust Belt주들은 학교의 품질과 주택가격의 상관관계가 아주 높았다. 예를 들어, Michigan주에서 하위 10%에 속하는 주택 인근의 학교는 평점도 2.1점으로 낮았다. 반면, Detroit의 교외인 Bloomfield Hills와 같은 부유한 Michigan 지역은 학교의 평점도 9.2점으로 높았다.

주택가격이나 학교의 평점이 높을수록 상관관계는 더 높아지는 경향을 보였다. 예를 들어, Pennsylvania에서 학교 등급이 5점에서 6점으로 올라가면 주택가격은 15.4% 상승하지만, 8점에서 9점으로 올라가면 60.1% 상승한다. 즉, 평균적인 수준의 학군에서 약간 더 나은 학군으로 이동하는 데는 비용이 많이 들지 않지만, 괜찮은 학군에서 우수한 학군으로 이동하는 데는 많은 비용이 든다는 것이다. California의 경우에도 마찬가지였다. 5점에서 6점으로 올라갈 때 주택가격은 9.9% 상승하지만, 8점에서 9점으로 올라가면 47.9% 상승했다.

이러한 결과는 의미도 분명하고 환영할 일이다. 학교의 품질이 낮은 지역에서도 약간의 비용을 감수하면 더 나은 학군으로 이동할 수 있기 때문이다. 그럼, 주어진 예산의 범위에서 선택할 수 있는 최고의 학군도 찾을 수 있을까? 그 질문에 답하기 위해 GreatSchools의 순위를 초등학교 및 고등학교의 학군 경계정보와 결합했다. 결합된 데이터를 보면 확실히 좋은 지역에만 좋은 학교가 있는 것은 아니라는 것을 알 수 있는데, 실제로 주택가격이 저렴한 지역에서도 우수한 학교를 찾을 수 있었다.

# 학교 평점 범위

주택가격 십분위수 기준 1분위수~10분위수 지역 간 학교 평점 범위

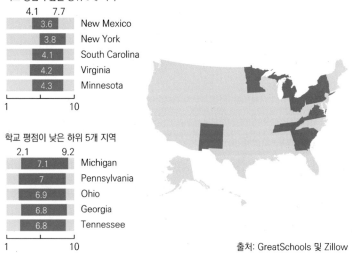

학교 평점이 높은 상위 5개 지역

| | |
|---|---|
| 4.1 7.7 | |
| 3.6 | New Mexico |
| 3.8 | New York |
| 4.1 | South Carolina |
| 4.2 | Virginia |
| 4.3 | Minnesota |
| 1 10 | |

학교 평점이 낮은 하위 5개 지역

| | |
|---|---|
| 2.1 9.2 | |
| 7.1 | Michigan |
| 7 | Pennsylvania |
| 6.9 | Ohio |
| 6.8 | Georgia |
| 6.8 | Tennessee |
| 1 10 | |

출처: GreatSchools 및 Zillow

예를 들어, Ohio주 Columbus의 교외인 Dublin을 보면, Scottish Corners 초등학교와 Deer Run 초등학교는 모두 Dublin시 교육구에 있으며 GreatSchools에서 평점 10점인 초등학교들이다. 두 학교는 약 4km 떨어져 있지만, 둘 다 평점 10점인 Jerome 고등학교에 입학하게 된다.

그러나 Deer Run 초등학교 인근의 주택가격이 $413,000 약 4.8억 원인 반면, Scottish Corners는 $286,400에 불과하다. 분명히 Scottish Corners 가 주택가격 대비 더 좋은 품질의 교육을 제공하고 있는 것이다. Greenville 교외인 South Carolina, Greer도 마찬가지다. Woodland 초

Ohio주 Dublin시

등학교와 Buena Vista 초등학교 모두 평점 10점이며, 둘 다 좋은 평가를 받고 있는 Riverside 고등학교에 입학한다. 초등학교는 불과 4km 남짓 떨어져 있지만 주택가격의 차이는 극적이다. Buena Vista 지역의 주택가격은 $290,000인 반면, Woodland는 $149,900에 불과하다. 학교 품질은 같지만, 집값은 $100,000 이상 차이 나는 것이다.

찾아보면 학군이 좋으면서 주택가격은 저렴한 지역이 얼마든지 있다. 그리고 이제 Zillow를 통해서 쉽게 찾을 수 있다. 많은 비용이 드는 일도 아니다. 자녀를 좋은 학교에 보내기 위해, 이제 부모들의 숙제를 시작할 때이다.

# 7. 고정금리 대출이라고 무조건 좋은 것이 아니다.

후기 포스트모더니스트 작가 David Foster Wallace는 남성들이 입는 바지는 말이 안 되는 옷이라고 말했다. 카키색 슬랙스든 데님 청바지든, 그는 남성이라고 바지를 입어야 한다는 것은 불공정하다고 믿었다. 그에 따르면, 바지는 여러 가지 이유에서 불편하다. 덥고, 피부와 마찰도 심해서, 착용이 굉장히 제한적인 의복이라는 것이다. Wallace는 "미국의 주류 문화의 남성은 2000년대에도 여전히 치마를 입지 않는다. 미국 남성이라면 비록 바지에 대한 나의 비판에 공감하더라도, 공공장소에서는 바지를 입을 확률이 100%"라고 말했다. 남성이 바지를 입는다는 것은 의문의 여지가 없는 관습으로, 문화적으로 깊이 뿌리 박혀 있다. 다른 대안을 선택해야 하는 이유가 아무리 많다고 해도, 결코 주목받지 못하는 것이다.

이는 담보대출에서도 마찬가지인데, 집을 살 때 누구나 30년 고정금리 담보대출을 받는다. 주택시장의 거품이 꺼졌음에도 불구하고, 여전히 담보대출의 80% 이상은 고정금리 담보대출이다. 심지어 주택시장에 거품이 만들어지고 있던 시기에도, 고정금리 담보대출이 차지하는 비중은 50%를 넘지 않았는데 말이다. 담보대출에는 고정금리만 있는 것이 아니다. 변동금리라는 전혀 다른 상품도 있다. 변동금리는 다양한 조건으로 제공되고, 어떤 경우에는 고정금리 담보대출보다 저렴하다. 우리는 집을 살 때 어떤 대출이 더 나은지 살펴보려고 한다.

우선 가장 보편적인 30년 고정금리 담보대출에서 발생하는 다소 기이한 현상부터 살펴보자. 생각해보면 30년이라는 기간은 굉장히 길고, 충분히 많은 일이 발생할 수 있는 기간이다. 미국인의 절반이 24살이 되기 전에 종교를 바꾸고, 평균 4.6년마다 직장을 옮기며, 심지어 결혼 기간도 평균 8년에 그친다. 그런데 집을 살 때 만큼은 30년 동안 한 집에서 살 것이라는 가정을 따르고 있는 것이다.

30년 고정금리 담보대출은 마치 남성이 바지를 입는 것처럼 절대 변할 수 없는 관습일까? 왜 우리는 30년 고정금리 담보대출을 당연하게 받아들일까, 그게 정말 그렇게 좋은가?

조기상환에 대한 벌금이 부과되는 30년 고정금리 담보대출을 이용하는 국가는 전 세계에서 미국과 덴마크가 유일하다. 다른 국가에서는 고정금리 담보대출이 일반적이지 않다. 예를 들어 프랑스는 임대료가 높기 때문에 고정금리 담보대출은 최대 25년까지만 가능하다. (참고로 담보대출을 의미하는 'mortgage'라는 어원은 고대 프랑스어이며, 직역하면 "죽음에 대한 서약"이다.)

미국에서 30년 고정금리 담보대출이 일종의 표준처럼 사용되는 이유는, 사실상 정부의 금융개입에 따른 결과이다. 은행은 무슨 일이 일어날지도 모르는 30년 장기상품을 좋아하지 않는다. 그리고 30년 고정금리에서는 대출 이후에 이자율이 떨어지면, 차입자가 언제든지 대출을 갈아탈 수 있다. 지금 당장은 고정금리를 선택했다고 해도 언제든지 변경할 수 있다. 차입자가 대출을 갈아타는 것은 은행에 그다지 좋은 일이 아니다. 은행의 입장에서는 금리가 올라도 손해를 보고, 금리가 떨어져도 고객을 잃는 셈이다.

은행이 이렇게 불리한 상품을 팔게 하려면, 정부가 어느 정도 인센티브를 제공해야 한다. Fannie Mae, Freddie Mac, 연방주택청, 재향군인청 등 정부기관이 이런 제도를 운영한다. 그 결과 2011년 국제통화기금 보고서에 따르면, 미국은 선진국 중에서 정부가 담보대출시장에 가장 많이 개입하는 국가 1위가 되었다. 자본주의 시장경제의 상징인 미국에서 정반대의 현상이 나타나고 있는 것이다.

물론, 장기대출은 단기대출 대비 매월 지불금이 낮다는 장점도 있다. 하지만, 대부분의 장기대출은 어떤 장점 때문이라기보다, 그저 남들이 이용하니까 이용하고 있는 것일 뿐이다. 순환논리 같기도 하지만, 사실이 그렇다. 미국인들은 보통 대출을 받는 것에 대해 거의 부담을 갖지 않기 때문에, 그저 일반적인 조건의 대출상품을 선택하는 것일 뿐이다.

최근 Zillow의 설문조사에 따르면, 미국인들은 담보대출 상품을 고르는 데 평균 5시간을 사용한다고 한다. 응답자의 1/3은 겨우 2시간 정도만 사용한다고 대답했다. 미국인들이 컴퓨터를 고를 때 4시간, 휴가 계획을 세우는 데 5시간, 차를 살 때는 10시간이 걸린다는 점을 생각하면 놀라운 일이다. 대부분의 미국인들이 집을 고르는 데는 몇 주, 몇 달을 보내면서 담보대출 상품을 고르는 데는 거의 시간을 할애하지 않는 것이다. 담보대출 상품이 결국 비슷비슷하다고 생각하기 때문인데, 사실 전혀 그렇지 않다. 아주 작은 이자율 차이로도 원리금 몇 천만 달러를 아낄 수 있기 때문이다.

우리는 변동금리 담보대출에도 충분한 장점이 있다고 생각한다. 변동금리 담보대출로 이자비용을 절약할 수 있고, 심지어 동일한 이자비용으로 더 비싼 집을 살 수도 있기 때문이다. 사실 우리 두 명은 그동안 담보대출을 6번 받았는데 전부 변동금리였다. 물론 우리 같은 사람들이 많지는 않다. 대부분 변동금리 자체를 고려하지 않기 때문이다. 물론, 변동금리가 무조건 고정금리보다 좋은 것은 아니지만, 적어도 대출을 받는 사람들이라면 시간을 내서 양쪽의 장단점을 비교해 볼 수 있다.

변동금리 담보대출은 왜 대중적인 인지도가 낮을까? 일단 늦게 도입되었기 때문이다. 변동금리 대출상품은 1982년 의회가 "Garn-St. Germain Depository Institutions Act"를 통과시키면서 도입됐다. 게다가 고정금리 대출보다 복잡하다. 고정금리는 은행에 가서 주택 매매금액의 일정 부분(80% 또는 90%)을 대출받은 다음, 향후 30년간 고정된 이자율로 매월 할부금을 내면 그만이다. 그동안 이자율은 3%보다 낮았지만, 최근에는 4%를 조금 넘는 수준을 유지하고 있으며 가까운 시일 내에 5%까지 오를 것으로 예상된다.

🔁 담보대출 이자율 추이

그런데, 변동금리 대출상품은 계산이 간단하지 않다. 대출금을 계산하는 방식은 동일하지만, 기간에 따라 이자가 달라진다. 변동금리는 보통 1년, 3년, 5년과 같이 일정기간을 설정하고, 해당 기간 동안에는 고정금리와 동일하게 약정된 금리를 적용받는다. 다만 해당 기간이 지나면 시중금리, 대출잔금에 따라 매년 이자율과 월 납입금이 조정된다.

주택시장에 거품이 쌓이던 시기에는 변동금리 대출이 인기가 있었다. 2000년대 들어 이자율이 하락하자 변동금리 대출뿐만 아니라, 이자만 내는 대출 등 복잡한 상품들이 많이 생겨났다. 이 시기에 변동금리 담보대출을 받았던 사람들은 이자비용을 꽤 줄일 수 있었다. 그런데 은행이 신용도가 낮은 서브프라임 등급에도 담보대출을 허용하면서 변동금리 대출이 위험해지기 시작했다. 초기에는 낮은 이자율이 적용되었지만, 그 이후 기간에는 5% 이상 높은 이자율이 적용되었던 것이다. 주택가격은 하락하는데 이자율까지 상승하자 월 납입금이 엄청나게 늘어났고, 이를 감당할 수 없었던 사람들은 주택을 압류당할 수밖에 없었다.

물론, 변동금리 담보대출이 특정 차입자에게만 불리하다는 것은 아니다. 변동금리는 특정 상황에 따라 좋을 수도, 나쁠 수도 있다. 여기 가상의 두 가족이 각각 고정금리와 변동금리 담보대출로 어떤 결과를 낳았는지 비교해보자. Freddie Mac에서 담보대출 이자율을 발표하기 시작한 1986년으로 거슬러 올라간다. 1986년 Fran과 Robert Morgan은 Florida주 Orlando에 있는 침실 4개짜리 집을 $200,000 약 2.3억 원에 샀다. 그들은 매매금액의 80%인 $160,000를 30년 고정금리로 대출받았다. 반대편의 Santa Fe에서는 Susie와 Norm Armstrong이 같은 시기에 동일한 가격으로 침실 3개짜리 콘도를 샀다. 이들은 고정금리가 아닌 변동금리로 대출을 받았다.

1980년대 초 이자율이 떨어졌는데, Susie와 Norm의 상환금은 이자를 포함해 $224,599였고, 같은 기간 Fran과 Robert의 상환금은 $256,793이었다. 변동금리 대출을 받은 Susie와 Norm의 승리다. 그들은 이자비용 $32,194 약 4천만 원를 절약했다. 변동금리 대출로 이자비용을 아낄 수 있었던 이유가 하나 더 있는데, 고정금리 대출은 초기 이자부담이 커서 가지고 있는 현금으로 월 납입금을 내야 하는 반면, 변동금리 대출은 초기에 상당히 낮은 이자율이 적용되어 초기의 월 납입금이 줄어들었기 때문이다.

물론 항상 변동금리가 유리한 것은 아니다. 변동금리는 일종의 도박이기도 하다. 대출기간 동안 이자율이 유지되지 않으면 전혀 유리하지 않으며, 이자율에 따라 효과가 달라진다. 만약, Susie와 Norm의 딸인 Sabrina가 새 집을 구입할 때 이런 상황에 직면했다고 가정해보자. 그녀는 Zillow Mortgages를 검색해 5%의 이자율로 30년 고정금리 대출을 받거나, 초기 이자율이 4.25%인 변동금리 대출을 받을 수 있다.

처음 5년 동안 고정금리 대출의 총 납입금은 $51,535인 반면, 변동금리 대출의 납입금은 $47,226이다. 처음에는 분명히 변동금리가 더 나아 보인다. 5년 후 대출 잔액도 고정금리일 때 $146,926, 변동금리일 때 $145,293이다. 변동금리가 첫 5년 동안 고정금리보다 0.75% 낮은 이자율로 대출금을 약간 더 빨리 갚고 있는 것이다.

하지만 5년 이후의 상황은 이자율의 변동과 Sabrina가 그 집에서 얼마나 오래 살 계획인지에 따라 달라진다. 가장 최악의 시나리오는 Sabrina

가 변동금리를 선택했는데 이자율이 상승하는 경우다. 이런 경우라면 대출 이자율은 5년차에 4.25%에서 6년차에 9.25%로 조정되고, 이 이자율이 나머지 기간에도 그대로 유지된다. Sabrina의 월 납입금은 $787에서 $1,244까지 높아진다. 최악의 시나리오에서는 6년이 끝나자마자 고정금리가 변동금리보다 나았다는 것을 깨닫게 된다.

Sabrina는 어떻게 해야 할까? 다시 말하지만, 이자율 변동과 거주계획에 따라 달라진다. Sabrina 가족이 새 집에서 5년 정도 살다가 집을 팔 계획이라면 변동금리가 훨씬 유리하다. 반대로 6년 이상 계속 거주할 계획이라면 이자율에 따라 다르다. 이자율이 오르지 않으면 변동금리가 유리하고, 이자율이 오르면 고정금리가 유리하다.

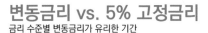 변동금리 대출과 고정금리 대출의 비교

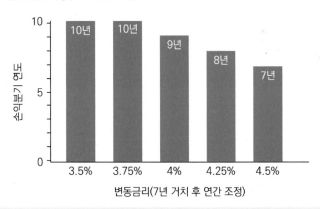

위의 표는 변동금리 대출이 이자율에 따라 5% 고정금리 대출보다 얼마나 저렴한지 보여주고 있다. 7년 이후부터 이자율이 5%로 상승해

그대로 유지되는 것으로 가정했는데, 초기 금리가 낮을수록 고정금리와 변동금리의 차이가 커지는 것을 알 수 있다.

변동금리 담보대출이 무조건 유리하다고 볼 수는 없다. 미래는 예측할 수 없기 때문에 언제나 위험과 변동성을 고려해야 한다. 모험을 하지 말고, 위험에 대해 정확히 알아야 한다. 운에 맡기지 말고, 위험에 대한 정보를 모아야 한다. 그리고 그 위험을 감수했을 때 어떤 혜택이 있는지 알아야 한다. 맹목적으로 고정금리 담보대출을 받으면 큰 손해를 볼 수도 있기 때문이다.

담보대출도 하나의 상품으로서, 구매하는 사람이 상품을 서로 비교하고 선택할 수 있어야 한다. 많은 미국인들이 변동금리로 대출금을 아낄 수 있음에도 불구하고 고정금리 대출을 맹목적으로 활용하고 있다. 그 이유는 역사적이고, 문화적이며, 구조적이다. 은행은 주택 구입자들에게 오랜 기간 낮은 고정금리의 대출을 제공하는 위험은 정부가 감당해야 한다고 주장한다. 그래서, 대다수의 미국인들이 집을 살 때 정부대출을 받고 있는 것이다.

은행의 입장에서 고정금리 대출이 매력적일 수 있는 한 가지 이유는 앞서 설명한 정부의 보증이다. 하지만 이 시스템은 지난 주택경기 침체기를 거치며 부실해졌고, 현재 미국에서는 담보대출 기관을 정부가 인수해야 한다는 주장도 나온다. 이 시스템은 변해야 하고 변하게 될 것이다. 이런 시스템을 개혁하기 위해 노력하고 있는 사람들이 있으며, 우리는 그들의 노력에 박수를 보낸다. Zillow가 주최하는 주택 포럼도 그들의 주장에 힘을 싣기 위해 노력하고 있다.

물론 이런 개혁안에 따라 민간 은행이 장기 고정금리 대출에 따르는 책임과 위험을 직접 감수하게 될 경우, 이자율이 높아질 수는 있다. 하지만, 이런 방법은 주택시장의 변동에 유연하게 대처할 수 있는 합리적인 절충안이며, 동시에 변동금리 대출의 장점이 좀 더 활용될 수 있는 방안이기도 하다. 때로는 변동금리 대출이 고정금리보다 더 유용하다. 기존의 통념에 의존해 고정금리 대출만이 최선이라고 생각하지 않기를 바란다. 담보대출은 중요한 의사결정 중 하나로서, 집을 살 때는 약간의 숙제가 필요한 법이다.

# 8. 경매로 정말 싸게 살 수 있을까

사과와 오렌지를 서로 비교할 수 있을까? 크기로 비교할 수도 없고, 맛으로 비교할 수도 없다. 사과와 오렌지는 그냥 다른 과일일 뿐이다. 부동산 시장에서는 어떨까? 경매로 부동산을 취득하면 훨씬 저렴하다는 인식이 있다. 대부분의 부동산 투자자들이 그렇게 말한다. 주택시장 붕괴 이후 경매 물건이 늘어난 지금, 경매에 나온 부동산의 실질적인 가치를 이해하는 것이 중요한 이유이다.

경매에 나온 부동산을 할인된 가격으로 취득하는 경우는 분명히 있지만, 단순히 낙찰가격만 가지고 계산하는 것은 눈에 드러나지 않는 현실을 왜곡할 수 있다. 이번 장에서는 경매에 나온 부동산의 가치를 정확하게 계산하는 방법을 찾아보려고 한다. 일반적으로 생각하는 것보다 훨씬 낮은 경우도 많기 때문이다.

미국인의 2/3가 주택을 구입할 때 담보대출을 받는다. 차입자가 성실하게 원리금을 상환한다면 아무런 문제가 없겠지만, 그렇지 못해 채무불이행이 발생하면 은행은 원금 손실을 막기 위해 거주자를 퇴거시키고 주택을 압류해 매각한다. 지난 몇 년의 경제위기가 과도한 담보대출에서 비롯되었기 때문에, 우리가 쉽게 목격할 수 있는 광경이었다. 2008년 금융위기 이전까지 은행들은 주택시장을 활성화하려고 했고, 신용등급이 낮은 사람들에게도 담보대출Sub-prime mortgate을 제공했다. 보통 신용

점수가 낮거나 신용기록이 좋지 않아 담보대출이 불가능한 사람들에게도 대출을 해줬다. 아무리 경제상황이 낙관적이었다 하더라도, 채무불이행 위험이 높은 사람에게 대출을 하는 것은 분명 위험한 조치였다.

많은 사람들이 그런 무분별한 담보대출에 대해 위험하다는 경고를 했었다. 나 역시 2006년 Zillow에 "큰 위기가 다가오고 있다"라는 제목의 글을 올렸는데, 초기 이자율이 낮은 변동금리 담보대출로 고가의 주택을 구입한 사람들의 이자부담이 높아질 것이며, 이것은 주택가격뿐 아니라 국가경제까지 막대한 영향을 미칠 것이라는 내용이었다. 나는 내 예측이 틀리기를 바랐다.

주택 압류는 대출을 받은 가족, 대출을 해준 은행, 국가경제에도 재앙이었다. 주택가격은 곤두박질쳤고, 수요도 급감했다. 이런 시기에 집을 사려고 하는 사람들이 없었기 때문이다. 그 결과, 2009년 12월 신규 주택 착공량은 제2차 세계대전 이후 최저치를 기록할 정도였다.

최악의 시기를 견뎌낸 2010년, 주택 수요가 다시 살아나기 시작했다. 그들은 하락장을 이용하려는 투자자이거나, 조금이라도 싸게 주택을 구입하려는 사람들이었다. 그들은 경매를 이용해 할인된 가격으로 집을 사고자 했다. CNN도 "전국적으로 경매에 나온 주택의 낙찰가격은 시세보다 39% 낮았다"면서 "Ohio주 Dayton에 있는 주택은 시세의 절반 이하에 살 수 있다"고 보도했다. 과연 사실일까? 너무 좋게만 들린다면 한 번쯤 의심해 볼 만하다. 시세와 낙찰가를 단순하게 비교하는 이런 방식에는 문제가 있다. 경매 물건이 시세보다 더 저렴할 수밖에 없는 이유부터 살펴보자.

우선, 경매 물건은 잘 관리되지 않는 경향이 있다. 경매에 나왔다는 것 자체가 주택 소유자의 재정적 어려움을 반영하고 있으며, 은행이 주택을 압류할 때면 주택 관리비가 밀려 있는 경우를 종종 발견할 수 있다. 당장 생활비도 충분하지 않은 상황에서 지붕, 파이프, 온수기를 수리하고 관리하기는 어렵다. 심지어 집주인이 퇴거하면서 집을 망가뜨리는 경우도 많다. 이들은 가져다 팔 수 있는 가전제품이나 설비들을 모두 떼어간다. 나도 2012년에 경매를 통해 집을 샀는데, 가전제품, 설비를 비롯해서 꽤 많은 수리비가 들었다. 경매가격에는 이런 비용이 반영되어 있지 않다.

다른 이유도 있다. 은행은 최대한 빨리 주택을 처분하기를 원한다. 일반적인 집주인이라면 매수자들이 합리적인 가격을 제시할 때까지 기다리겠지만, 은행은 그렇게 하지 않는다. 은행은 그 집이 필요한 것이 아니라, 집을 사는 사람에게 대출상품을 판매하는 기업이기 때문이다. 은행이 압류한 주택을 저렴한 가격에 빨리 처분할수록, 주택시장의 가격은 더 낮아질 수밖에 없다. 경매에 참여하는 사람들 역시 이 점을 활용해 시세보다 저렴하게 주택을 취득하려고 한다.

마지막으로 경매는 물건에 대한 정보가 투명하지 못하다. 이런 거래 위험 때문에 시세 대비 저렴한 경향이 있다. 은행은 보통의 집주인들처럼 최대한 정보를 제공할 동기도 없고, 매수자가 직접 부동산을 조사하는 것을 허용하지 않는 경우도 있다. 경매에 참여하는 사람은 해당 주택에 대한 정보를 외부에 공개된 만큼만 파악할 수 있고, 이런 위험부담에 대해 조금이라도 할인을 기대하게 된다.

이런 이유들 때문에, 경매 물건은 실제 아무런 문제가 없더라도 일반적인 매물 대비 품질이 낮은 상품으로 인식되고 있다. 그리고 이런 인식 때문에 더 저렴하다고 받아들여지는 것일 수도 있다. 하지만, 실제로는 그렇지 않다. 적어도 현재에는 그렇지 않다. 예를 들어, Pleasantville의 주택가격이 $150,000 약 1.8억 원라고 해보자. 경매 낙찰가는 $100,000이었다. 과연 시세 대비 30% 이상 싸게 샀다고 할 수 있을까?

이런 방식의 계산에는 치명적인 결함이 있다. 경매 물건과 일반 물건이 대등하다고 가정하고 비교했기 때문이다. 소유자의 재정 상태만 다를 뿐, 동일한 주택이라고 생각한다. 하지만 우리 데이터에 따르면, 경매 물건은 일반 물건과 분명한 차이가 있다. 예를 들어 2012년 6월 Detroit에서 경매에 나온 주택의 중간가격은 $47,000이었지만, 일반 주택의 중간가격은 $113,000이었다. 이걸 보고 경매 물건을 시세보다 60% 싸게 샀다고 할 수 있을까?

일반적인 계산 방식에서는 경매 물건과 일반 물건의 개별적인 차이를 고려하지 않는다. Detroit의 일반 주택은 면적 $17,000ft^2$ 약 48평에 침실 3개, 욕실 2개지만, 경매에 나온 주택은 $12,000ft^2$에 침대 3개, 욕실 1개였다. 일반 주택은 면적도 클 뿐만 아니라 보조 욕실까지 갖추고 있었다. 게다가 일반 물건은 경매 물건보다 양적으로도 훨씬 많으니, 비교 대상의 표본 크기도 서로 다르다. 단순히 경매 물건의 낙찰가격과 시세를 비교하는 것은, 사과와 오렌지를 비교하는 것과 같다. 이런 방식으로는 제대로 비교할 수 없다. 완전히 다른 상품이기 때문이다.

## 경매의 실제 할인효과는 얼마나 될까

경매의 실제 할인효과를 계산하려면 경매에 나온 주택과 비슷한 수준의 일반 주택을 비교해야 한다. 우리는 과거 데이터를 분석해, 서로 유사한 주택을 기준으로 실질경매할인율RFD, Real Foreclosure Discount을 계산했다. 이에 따르면 일부 투자자들과 언론이 경매의 할인효과를 과장하고 있음을 알 수 있다.

결론부터 말하자면, 2012년 9월 경매 물건을 대상으로 할인율을 계산해보니 실제 할인효과는 7.7%에 불과했다. 경매를 통해 시세보다 25~35% 할인된 가격으로 살 수 있다는 일반적인 계산과는 차이가 컸다. 주택시장의 침체가 최고조에 달했을 때조차, 실제 할인효과는 일반적인 통념보다 적었다. 2009년 9월의 할인율이 23.7%로 가장 높았고, 그 이후로는 꾸준히 낮아지고 있다.

⚡ 2004~2012년 연도별 실질경매할인율

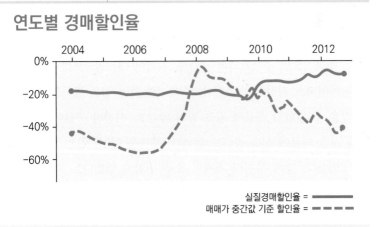

연도별 경매할인율

실질경매할인율 = ——————
매매가 중간값 기준 할인율 = – – – – –

전체 조사기간의 할인율은 7.7~23.7% 내외였다. 하지만, 이 수치는 전국 평균일 뿐이다. 구체적인 지역시장의 상황은 좀 더 복잡하다. 전국 평균 대비 할인율이 높은 지역이 있는 반면, 할인효과가 전혀 나타나지 않는 지역도 있었다. 이걸 어떻게 이해해야 할까? 간단한 수요공급의 법칙이다. 주택 수요가 많은 지역이라면 경매 여부가 중요하지 않았던 것이다. 수요가 많다면 은행이라고 해서 주택을 싸게 처분할 이유가 없기 때문이다. South Beach나 Southern California가 그렇다. Maiami의 할인율도 2.9%였고, San Diego에서도 2.4%에 불과했다.

Las Vegas나 Phoenix처럼 주택시장의 타격이 컸던 지역에서는, 거래 자체가 이루어지지 않았기 때문에 할인효과도 없었다. 이런 지역의 주택시장에는 경매 물건이 넘쳐나고, 매물의 50%가 모두 경매 물건인 경우도 있다. 이런 상황이라면 경매 물건과 일반 물건을 구분하는 것이 무의미하다.

반대의 역학이 작용하는 경우도 있다. 일반 매물이 부족한 지역에서는 경매 물건이 귀하다. 공급이 부족하기 때문에 경매 물건의 가격도 함께 높아진다. 2007년 주택시장 붕괴 이후 이런 상황이 전국에 만연했다. 전국적으로 주택가격이 급락해, 심지어 대출원금보다 주택가격이 낮은 마이너스 자산이 속출했다. 주택 소유자는 집을 팔아도 대출원금을 갚을 수 없기 때문에 집을 팔지 않았고, 시장의 공급이 감소했다. 시장 상황 때문에 신축 공급도 없었다. 주택을 살 수 있는 유일한 방법은 경매였다. 경매 물건의 가격이 오를 수밖에 없었다.

실질경매할인율이 가장 높은 지역은 주택 수요가 가장 낮은 지역이다. 은행을 비롯해 모든 판매자들이 주택을 팔기 위해서 가격을 낮췄다.

## 실질경매할인율(2012년 9월)

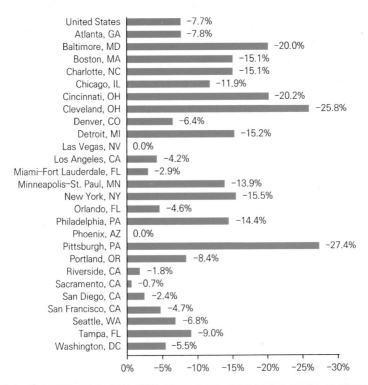

| 지역 | 할인율 |
|---|---|
| United States | -7.7% |
| Atlanta, GA | -7.8% |
| Baltimore, MD | -20.0% |
| Boston, MA | -15.1% |
| Charlotte, NC | -15.1% |
| Chicago, IL | -11.9% |
| Cincinnati, OH | -20.2% |
| Cleveland, OH | -25.8% |
| Denver, CO | -6.4% |
| Detroit, MI | -15.2% |
| Las Vegas, NV | 0.0% |
| Los Angeles, CA | -4.2% |
| Miami-Fort Lauderdale, FL | -2.9% |
| Minneapolis-St. Paul, MN | -13.9% |
| New York, NY | -15.5% |
| Orlando, FL | -4.6% |
| Philadelphia, PA | -14.4% |
| Phoenix, AZ | 0.0% |
| Pittsburgh, PA | -27.4% |
| Portland, OR | -8.4% |
| Riverside, CA | -1.8% |
| Sacramento, CA | -0.7% |
| San Diego, CA | -2.4% |
| San Francisco, CA | -4.7% |
| Seattle, WA | -6.8% |
| Tampa, FL | -9.0% |
| Washington, DC | -5.5% |

Rust Belt 지역에서 이런 현상이 나타났다. 2012년 9월, Cincinnati의 할인율은 20.2%, Cleveland는 25.8%, Pittsburgh는 27.4%였다. 이 정도의 수치라면 경매에 대한 기존의 통념과 유사하며, 경매를 활용해 상당한 할인효과를 얻을 수 있다.

사람들이 생각하는 것보다 경매의 할인효과가 크지 않은 이유가 또 있다. 경기침체 이후 경매 시장의 참여자가 크게 늘어났기 때문이다.

2006년 이전 전체 시장의 2%에도 미치지 않았던 경매 거래는 2014년 초 10%까지 늘어났다. 경매 물건에 대한 편견이 사라지고, 경매 시장의 할인효과가 사람들에게 매력적인 투자포인트가 되었다.

경매 시장에 대한 편견은 많이 줄어들었지만, 여전히 할인효과에 있어서는 잘못된 인식이 남아있다. 시세의 반값으로 집을 살 수 있다는 통념은 개인 투자자뿐만 아니라, 언론 보도에서도 찾아볼 수 있다. 주택시장의 위기 속에서 경매의 할인율이 가장 높았을 때, 많은 주택들이 경매 시장에 나오면서 전국적인 주택가격 하락이 우려되었다. 하지만, 대출원리금을 상환할 여력이 있고, 주택가격 하락을 잘 방어한 사람들이 걱정할 문제는 아니었다. 수요자들이 경매 시장에 몰려들 때쯤이면, 이미 주택가격의 할인효과는 미미하기 때문이다.

당시 그런 우려에도 어느 정도 근거는 있었다. 하지만 데이터를 분석해보면, 주택의 압류는 그렇게 걱정할 문제가 아니다. 경매 시장에 나온 물건은 전국 주택가격에 영향을 미칠 만큼 저렴하지 않다. 그리고 적정 수준의 할인효과라면 일반 주택시장에서도 충분히 수용할 수 있기 때문이다.

주택시장은 농산물 시장만큼 어려운 곳이다. 사과와 오렌지를 비교하기 어려운 것처럼, 경매 물건과 일반 물건의 차이를 파악하는 것도 쉽지 않다. 하지만 이제 데이터를 활용해 사과든 오렌지든 좀 더 정확하게 비교할 수 있고, 더 현명한 선택을 할 수 있을 것이다.

# 9. 주택 검사원을 잘 선정하는 방법

집을 사는 것은 쉬운 일이 아니다. 매물 검색부터 많은 시간이 필요하고, 기억하지 못할 정도로 많은 오픈 하우스를 찾아가야 한다. 지인들보다 부동산 중개인과 훨씬 자주 연락하게 된다. 이렇게 몇 달 동안 노력해야 겨우 마음에 드는 집을 찾을 수 있다. 그리고, 계약을 할 때만큼은 내 집은 완벽해 보인다.

그런데 악몽은 지금부터 시작이다. 이사를 하고 나면 마루, 벽을 비롯해 문제가 한 두 가지가 아니다. 굴뚝이 막히거나 지붕 대들보가 썩었을 수도 있고, 정화조가 돌출되기도 한다. 사전에 주택 검사원home inspector을 통해 문제점들을 제대로 파악했다면 수리비를 정해 매도인과 주택가격을 협상했겠지만, 그렇지 못한 경우라면 수리비와 골칫거리가 이만저만한 것이 아니다.

남의 일처럼 들리겠지만, 이런 일은 우리 주변에 비일비재하다. Christine의 경우 검사원이 수리비를 적게 책정한 데다, 파이프의 누수를 확인하지 못했다. Megan은 검사원이 수도 차단기 누수와 물탱크 불량을 확인하지 못했다. Robin은 검사원이 지붕에 뚫린 구멍을 발견하지 못해 결국 주택 검사를 다시 진행해야 했다.

많은 미국인들이 매물 검색에 쏟는 노력에 비해, 마지막 단계인 주택

Zillow의 주택 검사원 검색 메뉴

검사에는 소홀하다. 주택 검사비용이 아깝다고 생각할 수 있지만, 소홀히 하게 되면 자칫 막대한 비용이 발생할 수도 있다. 크게 어려운 일도 아니다. 여러분이 해야 할 일은 제대로 된 주택 검사원을 선정하기 위해 약간의 시간을 투자하는 것뿐이다. 주택 검사원을 선정할 때 필요한 몇 가지 팁을 준비했다.

첫째, 주택 검사원을 검색할 때 검사원의 자격과 경력을 확인하고, 보험 가입 여부를 확인해야 한다. 고객의 사후 평가도 검사원의 서비스 품질을 예측할 수 있는 좋은 방법이다. Zillow에서는 각 지역의 주택 검사원 목록과 등급을 제공하고 있다. Angie's List와 같은 웹사이트에서도 주택 검사원에 대한 평가와 후기를 제공한다. 후기가 많을수록 더 신뢰할 수 있는데, 내용에 일관성이 있는지 살펴야 한다. 이전에 서비스를 받았던 고객을 소개받아 직접 확인할 수도 있다.

둘째, 주택 검사원에게 검사보고서 샘플을 요청하라. 가급적 문제가 많았던 주택에 대한 보고서를 확인하는 것이 좋다. 제대로 된 검사원이라면 과거의 검사보고서를 잘 보관하고 있을 것이고, 오히려 이를 웹사이트에 홍보할 것이다. 검사보고서를 볼 때, 검사원이 제공하는 서비스의 범위를 확인해야 한다. 예를 들어, 검사원들은 일반적으로 라돈, 곰팡이, 토양에 대한 검사는 제공하지 않는다. 이런 서비스를 추가적으로 제공해 줄 수 있는지 확인하고, 그렇지 못하다면 다른 검사 업체를 추천받을 수도 있다. 이런 서비스가 필요한지는 여러분 스스로 결정해야 한다.

검사보고서의 내용도 잘 확인해야 한다. 제대로 된 검사보고서에는 주택 하자의 내용, 중요성, 해결방법을 명확하게 제시한다. 추가 검사를 제안하는 보고서도 있는데, 별도의 시간과 비용이 들기 때문에 권장할 사항은 아니다.

셋째, 검사원의 인상도 중요하다. 자신의 평판을 관리하고, 연락이 잘 되며, 전문적인 사람이어야 한다. 웹사이트가 제대로 관리되고 있지 않거나, 전화나 이메일에 대한 응답이 느리면 좋지 않다.

이런 과정을 거쳐 검사원을 선정했다 하더라도 끝난 것은 아니다. 검사를 할 때 반드시 함께해야 한다. 유능한 검사원이라면 검사보고서에 상세하게 서술하겠지만, 어떤 항목들은 현장을 직접 보고 이해하는 것이 빠르다. 가능하다면 검사원이 지붕, 지하실 어디를 가든지 동행하라. 그들은 침착하게 여러분이 알아야 할 사항을 안내해주어야 한다.

Illinois - Orland Park - Michael Becker                                    Print page  |  Report a problem

## Michael Becker
★ ★ ★ ★ ★  5.0 • 2 Reviews

**Contact Michael Becker**

**Name**

**Email**

**Message**

[ Contact ]

### About me

**Home Inspector (26 years experience)**

**Specialties: General Inspections**

Inspect-A-Home,inc has been doing quality home inspections in the Chicago land area since 1995.Some towns we service would be Orland Park, Tinley Park, Mokena, Oak Park, Forest Park just to name a few.  ASHI member ( American Society of Home Inspectors)  INACHI member ( International Association of Certified Home Inspectors ). State of Illinois Home Inspector License # 450.000239. We Provide detailed easy to understand home inspection rep

**+ Show more**

### Professional Information

| | |
|---|---|
| Address: | Inspect-A-Home,inc |
| | PO BOX 2144 |
| | Orland Park, IL 60462 |
| Office: | (708) 460-6036 |
| Websites: | Website, Twitter, LinkedIn |
| Screenname: | mikebecker |
| Member since: | 03/03/2010 |
| Licenses: | 450.000239 (Home Inspector State of Illinois) |

### Ratings & reviews (2)

[ Write a review ]

**Filter by**
All reviews (2)

**Sort by**
Newest first

**Highly likely to recommend**    **5.0** ★    Report a problem

08/02/2018 - raul3737
Inspected a home I was interested in.

Zillow의 주택 검사원 검색결과 페이지


가능하면 친구나 가족이 함께하는 것도 좋다.


완벽한 집을 찾는 것은 매우 어렵다. 그렇게 하기 위해, 신뢰할 수 있는 주택 검사원을 고용해 최종까지 완벽하게 마무리해야 한다.

# 10. 리모델링은 집값에 얼마나 도움이 될까

하버드대학교의 공동주택연구센터는 "주택 리모델링이 하나의 국가 적 오락이 되었다"고 발표했다. 경제위기에도 불구하고 주택 리모델링 에 대한 지출이 다시 증가했고, 2012년에는 약 $12.5조에 달했기 때문 이다. 아이에게 놀이방이 필요해서, 새로운 주방이 필요해서, 우리는 여러 가지 이유로 집을 리모델링한다. 어떤 사람들은 파우더룸을 만들 거나, 빌트인 가전제품을 설치하기 위해 리모델링을 하기도 한다. 집을 최대한 비싸게 팔고 싶기 때문이다.

나는(Spencer) California주 Burbank에 있는 처갓집을 $475,000 약 5.6억 원 에 내놓았을 때 이러한 상황을 직접 목격했다. 몇몇 매수인들이 가격 을 제안하긴 했지만, 수요가 그리 많지 않다는 것을 깨닫고 리모델링 하기로 결정한 것이다. 6개월에 걸쳐 $50,000 약 6,000만 원 정도가 들었고, 리모델링 한 집을 $575,000에 팔 수 있었다. 들어간 비용의 두 배를 회 수했던 것이다.

리모델링을 하는 사람들은 대부분 이런 시나리오를 상상한다. 본능 적으로, 집을 더 멋지게 꾸미면 가치도 올라갈 것이라고 생각하며, 매 수인들이 리모델링에 대해 충분한 대가를 지불할 것이라고 확신한다. 시간이 오래 걸리고 비용이 들더라도, 전면적으로 리모델링하는 것이 소규모 수선보다 효과가 좋다고 생각한다. 내 경험상으로는 분명히 그랬다. 하지만, 모든 주택이 그렇지는 않은 것 같다.

리모델링이 집값에 얼마나 영향을 미치는지 파악하기 위해, 우리는 수천 채의 리모델링 주택을 분석했다. 주방, 욕실, 복층, 지하실 등 대표적인 리모델링 유형 9가지를 기준으로 조사했는데, 예상했던 대로 리모델링은 집값에 긍정적인 영향을 미치는 것으로 나타났다. 하지만, 그 효과는 유형마다 차이가 있었고, 어떤 경우에는 투입된 비용만큼 효과가 나지 않는 경우도 있었다.

## 수익 체증·체감의 법칙

한 가지 놀라운 사실은, 리모델링에 들어가는 비용과 매매가격이 반드시 비례하지는 않는다는 것이다. 실제 사례를 들어보자면, 오래된 욕실을 리모델링을 한다고 해보자. 세면기와 조명을 교체하고, 보조 세면대를 추가하고, 벽지까지 교체하는 수준의 중급 리모델링은 $3,000 약 350만 원 정도 드는데, 리모델링 비용 $1당 매매가격은 $1.7 상승하는 것으로 분석되었다.

이 정도면 아주 훌륭하다. 여기서 더 나아가 샤워부스를 설치하고, 샤워헤드도 최신으로 교체하고, 습도 조절이 가능한 팬까지 설치한다면? 이런 수준의 고급 욕실은 $12,000 약 1,400만 원 정도가 필요하지만, 리모델링 비용 $1당 매매가격은 $0.87 상승하는 것에 그쳤다. 비용을 들인 만큼 매매가격이 오르긴 했지만, 투입비용 이상의 효과가 나오지 못한 것이다. 창호도 마찬가지였다. 중간 품질의 창호를 설치하는 데 $1를 지출하면 $1.15의 효과가 있었지만, 고가의 이중창을 설치해도 그 효과는 $1.01에 그쳤다.

더 많은 비용이 필요한 고급 리모델링이 보통 수준의 리모델링보다 효과가 좋지 못하다니, 직관적으로는 받아들이기 어렵다. 리모델링으로 매매가격을 높일 수 있다면, 비용을 더 들일수록 효과도 좋아야 하지 않을까?

이런 현상의 이면에는 '기능'과 '외관'의 차이점, 그리고 경제학에서 말하는 수익 체증·체감의 법칙이 숨어 있다. 예를 들어, 세면대에서 물이 새고, 거울과 세면기는 부서진 최악의 욕실을 생각해보자. 중급 수준의 리모델링만으로도 충분히 이 욕실을 사용 가능한 수준으로 만들 수 있고, 매매가격은 크게 높아진다. 반면, 이미 모든 기능이 제대로 갖춰진 욕실을 훨씬 고급스럽게 꾸민다고 해서 집 본연의 기능이 향상되는 것은 아니라는 것이다. 창문도 마찬가지이다. 중간 품질의 창호로도 충분히 창문의 본연의 기능인 방풍, 방음 기능을 확보할 수 있다. 고급 창호는 기능이 아닌 그저 외관을 멋있게 만들었을 뿐이기 때문에, 결과적으로 매매가격을 크게 높이지 못했던 것이다.

## 주방 리모델링은 가성비가 낮다

리모델링을 하기 전에 반드시 고려해야 할 사항이 있는데, 바로 주방이다. 어떤 수준이든, 주방 리모델링은 비용 대비 수익이 가장 낮다. 중급 수준의 주방 리모델링은 $5,400 약 640만 원 정도 필요하다. 고급 수준이면 최대 4배 수준인 $22,000까지 들 수도 있다. 하지만, 다음의 차트에서 볼 수 있는 것처럼, 고급이든 중급이든 투자비용 절반의 효과

# 가성비가 뛰어난 리모델링 포인트

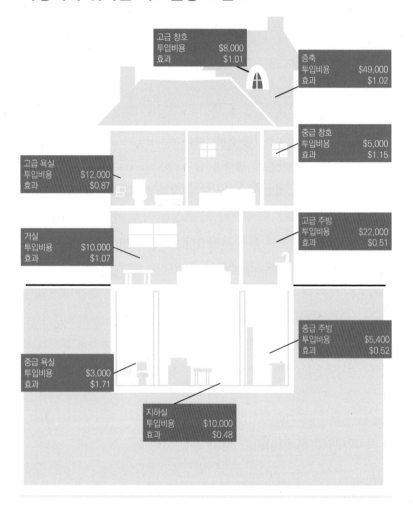

| 고급 창호 | |
| --- | --- |
| 투입비용 | $8,000 |
| 효과 | $1.01 |

| 증축 | |
| --- | --- |
| 투입비용 | $49,000 |
| 효과 | $1.02 |

| 중급 창호 | |
| --- | --- |
| 투입비용 | $5,000 |
| 효과 | $1.15 |

| 고급 욕실 | |
| --- | --- |
| 투입비용 | $12,000 |
| 효과 | $0.87 |

| 거실 | |
| --- | --- |
| 투입비용 | $10,000 |
| 효과 | $1.07 |

| 고급 주방 | |
| --- | --- |
| 투입비용 | $22,000 |
| 효과 | $0.51 |

| 중급 주방 | |
| --- | --- |
| 투입비용 | $5,400 |
| 효과 | $0.52 |

| 중급 욕실 | |
| --- | --- |
| 투입비용 | $3,000 |
| 효과 | $1.71 |

| 지하실 | |
| --- | --- |
| 투입비용 | $10,000 |
| 효과 | $0.48 |

만 있다. 리모델링 $1의 효과가 $0.5에 불과한 것이다. 따라서 주방을 리모델링할 때는, 요리할 때 필요한 기능에만 초점을 맞춰야지 집값을 생각해서는 안 된다.

## 가성비가 뛰어난 리모델링 포인트

지하실이나 증축은 어떨까? 지하실 리모델링은 $10,000 약 1,200만 원 정도 필요하고, 2층이나 3층으로 증축하려면 거의 5배 이상 필요하다. 비용 지출만 놓고 보면 지하실 리모델링이 더 나아 보일 수도 있겠지만, 지상층 증축은 $1당 $1.02의 효과가 있었던 반면, 지하실 리모델링은 $0.48만 회수할 수 있어 여러 항목 중 가장 가성비가 낮았다. 그 원인은 정확하지 않지만, 증축은 집의 외관을 변화시켜 사람들에게 직접적인 영향을 미치는 반면, 지하실의 경우 기본적으로 채광이 나쁘고 습기가 많아 리모델링에 한계가 있는 것 같다. 지하실은 이미 공포영화의 단골 장소가 아닌가.

다른 이유로는 지하실과 증축 모두 내부 공간의 활용성을 높이지만, 증축과 달리 지하실 리모델링은 연면적을 증가시키지는 못한다는 점이 있다. 증축이 더 나은 선택일 수 있는 이유이다.

## 리모델링 시 유의할 점

우선, 리모델링 효과에는 감가상각이 포함되어 있지 않다는 사실을 기억해야 한다. 자동차를 구입하면 보유기간에 따라 판매가격이 떨어지는 것처럼, 최신 가전제품도 10년이 지나면 구식이 되는 것처럼, 리모델링에 의한 주택가치도 시간 경과에 따라 감소한다. 우리의 계산에 따르면, 리모델링으로 인한 가치는 매년 $2,600 약 300만 원씩 감소한다. 즉, 욕실에 $5,000, 창호에 $8,000, 지하실에 $16,000를 지출했다면, 판매가격은 $24,310 올라갈 수 있지만, 그 효과는 1년 후 $22,000로 떨어진다는 것이다.

또 하나, 이러한 계산은 단순히 전국 평균을 반영한 결과라는 점이다. 여기에는 Manhattan의 콘도부터 중서부 지역의 목장 주택까지 포함되어 있다. 게다가 '고급'의 정의도 지역마다 차이가 있을 수 있다. 어떤 지역에서 고급에 속하는 리모델링도 다른 지역에서는 평범한 수준일 수 있다. 즉, 리모델링의 실제 효과는 상당히 다를 수 있다는 것이다. 마치 처방전 없이도 살 수 있는 일반의약품 광고처럼, 약품의 개별적 효능까지 보장할 수는 없다.

리모델링으로 집값을 올릴 수 있다는 것은 확실하다. 하지만, 특정 리모델링의 가치를 정확하게 계산하기는 어렵다. 심지어 어떤 사람들은 집값과 상관없이 리모델링을 할 수도 있다. 이런 수익률 계산 때문에 여러분이 원하는 리모델링을 하지 않을 이유는 없다. 어떤 경우에도 비용을 들이면 가치는 높아질 것이기 때문이다. 다만, 리모델링 효과를 극대화하려면, 중급 수준의 욕실 리모델링이 가장 효과적이라는 점은 자신 있게 말할 수 있다. 확실히 비용 대비 효용이 가장 좋았기 때문이다. 그 외의 선택은 여러분 자신의 몫이다.

# 11. 매물 광고에서 조심해야 하는 표현

디지털 전략가 Amy Webb은 《Wallstreet Journal》에서 온라인 데이트에 새로운 접근 방법이 필요하다고 말했다. 그녀가 겪은 일화가 바탕이 되었는데, 온라인 데이트 사이트에서 만난 사람 중 한 명이 기혼자였던 것이다. 그녀는 자신의 온라인 프로필이 원인이었다고 생각했고, 기술을 이용해 이 문제를 실험해보기로 했다.

Amy는 가짜 남자 프로필 10개를 만들어 'JewishDoc1000'과 같은 이름을 붙인 다음, 여성 사용자들이 연락하기를 기다렸다. 그녀는 여성 사용자들과의 대화 내용을 분석했는데, 인기 있는 프로필을 가진 여성들이 어떤 식으로 대화하고 행동하는지, 자신을 어필하기 위해 어떤 단어를 사용하는지, 어떤 부분에 대해 거짓말을 하는지, 언제 어떻게 연락을 하는지 등을 분석했다.

한 달 동안 96명의 여성들과 대화를 나눈 후, 그 효과를 분석해 마침내 완벽한 온라인 프로필을 만들 수 있었는데, Amy의 일화는 해피엔딩으로 끝난다. 그녀는 완벽한 새 프로필로 드디어 남자친구를 사귈 수 있었던 것이다.

Zillow는 데이트 게임과 상관이 없지만, 이 일화를 통해 우리가 주택 매도인과 매수인을 연결할 때 부족했던 점이 무엇이었는지 알 수 있었다. 그래서 Amy처럼 텍스트 데이터를 분석해 더 나은 방법이 있을지 알아보기로 했다. 24,000채의 주택 판매 데이터에서 특정 단어나 설명이 실제 주택 판매가격에 미치는 영향을 분석했는데, 우리는 Amy와 비슷한 결론에 도달할 수 있었다. 매물을 홍보할 때 어떤 단어를 사용하는지가 굉장히 중요했던 것이다. 부적합한 단어를 사용하는 경우, 판매기간이 길어질 뿐만 아니라 거래가격에서 손해를 볼 수도 있다는 것을 알게 되었다.

한 가지 예로, 'unique'라는 단어를 생각해보자. 온라인 데이트라면 독특한 것이 상대에게 어필할 수 있는 방법일 수도 있겠지만, 부동산에서는 집이 'unique'하다고 설명하면 30~50%까지 싸게 팔리는 경우도 있었다. 왜 이렇게 가격이 떨어졌을까? 우리 데이터에 따르면, unique한 주택이란 추가적인 개·보수가 필요하다는 부정적 신호였기 때문이다.

이것 외에도 매수인에게 나쁜 인상을 줄 수 있는 단어는 더 있다. 아래의 예시를 살펴보자.

> "여러분이 unique하고 modern한 집을 찾고 있다면 바로 이 집입니다. 고급스러운 주방에 바닥 전체가 나무로 마감된 이 quaint한 집은 여러분에게 꿈의 집이 될 potential을 가지고 있습니다. 이 집은 그림 같은 도로에 접해 있고, 주변 환경도 아주 좋습니다. 모든 분들에게 great investment가 될 것입니다."

어떤가? 그리 나빠 보이지 않겠지만, 우리 데이터에 따르면 여기에는 숨겨진 메시지가 있다. 매수인들은 이 광고를 이렇게 해석한다.

"이 집에 하나라도 좋은 점이 없을지 찾고 있습니다. 이 집은 50년 된 건물인데, 면적도 1,299ft$^2$약 *36평* 정도로 조금 작습니다. 보수할 곳도 많고, 솔직히 입지도 별로 특별할 것은 없습니다."

나름 괜찮은 광고 같았는데, 매수인들이 받아들이는 느낌은 전혀 달랐다. 이걸 어떻게 알 수 있을까? Zillow의 주택 거래 데이터를 분석하면, 광고에 사용된 단어 뒤에 숨어 있는 진짜 의미를 알 수 있을 것이다.

## 집의 연식이 드러나는 표현

집주인은 집이 오래되었다는 점을 드러내지 않기 위해 "unique"라는 단어를 사용했다. "modern"이라는 단어도 비슷한 인상을 준다. 물론 매수인의 취향에 따라 도움이 되는 경우도 있겠지만, 'modern'은 일반적으로 1950년대 또는 1960년대에 지어진 주택을 의미하기 때문이다. 이 기간에 지어진 주택은 '중세기 모던mid-century modern'이라고 알려져 있는데, 많은 사람들이 찾는 건축 스타일로 California Palm Springs 같은 지역에서는 흔히 볼 수 있다. 주택을 설명하는 데 사용된 형용사를 보면, 주택이 언제 지어졌는지 대략 알 수 있다는 것이다. 숫자에는 이야기가 담겨있다. 건물의 연식을 기준으로 매물 목록을 정렬하기만 해도, 'modern'이라는 단어가 특정 시기에 몰려 있다는 것을 쉽게 알 수 있다.

중세기 모던 스타일의 주택(@NYtimes)

### 주택의 연식과 주요 단어

## 주택의 연식을 드러내는 단어

Classic Original Modern
1951 | | 1954 | 1958
1950

Contemporary
1985 |

State of the Art
| 1988
2000

    original 주택은 modern 주택보다 과거에 지어졌고, classic 주택은 말 그대로, 영화 〈바람과 함께 사라지다〉에 나올 수 있는 정도의 과거에 지어졌다. 아마도 사람들은 1930년대를 떠올릴 것이다. "antique" 및 "rustic" 같은 단어도 집이 분명히 오래되었다는 것을 암시한다. Zillow 데이터에 따르면, "traditional", "timeless", "well-maintained" 같은 단어조차도 오래된 주택을 표현하고 있었다.

반대로, 신축을 나타내는 단어들도 있다. "state-of-the-art", "contemporary" 같은 단어들은 1980년대 중후반에 지어진 주택을 의미한다.

## 집의 면적이 드러나는 표현

"cozy", "charming", "cute", "quaint"와 같은 단어에도 숨겨진 의미가 있다. 단어 자체로는 집과 관련된 구체적인 정보가 없는 것처럼 느껴지지만, 실제로는 집의 면적을 암시하는 단어들이다. 집이 작을수록 'cozy' 같은 단어를 더 많이 사용하고 있었다.

'cozy'의 사전적 정의는 '편안하다'는 것이지만, 부동산 용어로 사용될 때는 집이 너무 작아서 변기에 앉으면 무릎이 벽에 닿을 수도 있다는 것을 의미한다. charming한 주택은 $1,487ft^2$약 42평 내외의 주택으로, quaint한 주택($1,299ft^2$ 내외)보다 조금 컸지만, 둘 다 cute한 주택($1,128ft^2$ 내외)보다 컸다. 이 단어들 모두, 중간 크기인 $1,640ft^2$보다 작은 주택을 설명하는 데 사용되었다. 이것이 우리가 매물 광고만 보고, 집의 크기가 $1,299ft^2$ 정도라는 것을 파악한 방법이다. 집주인 스스로 "quaint"한 주택이라고 소개했기 때문이다.

## 주택의 면적을 드러내는 단어

| Cute | Quaint | Charming | All Homes |
|------|--------|----------|-----------|
| 1,128 | 1,299 | 1,487 | 1,640 |

그렇다면 개·보수가 필요하다는 사실은 어떻게 알았을까? 2개의 단서가 있었다. 첫째, 이 집이 "potential"을 가지고 있다고 했고, 둘째, 이것이 "great investment"라고 주장했기 때문이다. 두 단어 모두 집의 현재 상태가 아닌 잠재적 미래를 말하고 있는데, 이는 현재 상태가 그리 좋지 않다는 뜻이다.


## 표현에 따라 집값도 달라진다

앞서 말한 내용들은 결코 추상적이지 않았다. 거래금액에 실제로 영향을 미치고 있기 때문이다. 어떤 단어와 표현을 사용했느냐에 따라 몇 천 달러가 왔다 갔다 할 수 있다. 우리는 8,000개의 매물 목록과 실제 거래금액을 비교했는데, 매물 광고 시 "investment", "potential"을 사용한 경우의 거래금액은 7%나 낮았다.

거래금액에 긍정적인 영향을 주는 표현도 있다. "luxury"하다고 표현된 주택은 일반적인 거래금액 대비 8.2% 비싸게 팔렸고, "captivating"

하다고 묘사된 주택도 6.5% 비싸게 팔렸다. 똑같이 시세 $110,000의 집이라 하더라도, 광고에 'luxury'가 있다는 것만으로 $8,965 약 1,000만 원를 더 받을 수 있었다. 물론, 광고만으로는 부족하고, 이런 광고를 뒷받침할 수 있는 실체는 분명히 있어야 한다.

우리는 "fantastic"이라는 표현과 관련된 흥미로운 효과도 발견했다. 〈괴짜경제학Freakonomics〉이라는 책을 쓴 Steven D. Levitt과 Stephen J. Dubner도 "fantastic"이 '위험할 정도로 모호한 형용사'라고 말한 적이 있는데, 이에 따르면 이 단어는 딱히 설명할만한 특징이 없는 주택에 사용되어야 한다. 하지만 저자의 의견과 달리, 데이터상으로는 사실이 아니었다. "fantastic"한 주택은 시세 대비 2.8% 비싸게 팔렸던 것이다. 아마도 이 단어가 집의 외관뿐 아니라 전망같이 특정한 장점을 설명하는 데 사용되는 경향이 있기 때문일 수도 있다.

적어도 매물을 설명하는 단어나 표현이 중요하고, 실제 거래금액에도 영향을 미친다는 점은 분명한 것 같다. "말 한마디에 천냥 빚을 갚는다"는 격언이 있는데, 적어도 부동산 거래에 있어서는 단어 하나에 수천 달러의 가치가 있을 수 있다. 일반적으로 많이 사용되는 표현과 실제 거래가격에 미치는 금액은 아래와 같다.

집에 대해 설명할 때, "cosmetic", "bargain", "fixer"와 같은 단어는 조심해야 한다. 모든 사람이 완벽하게 리모델링된 깔끔한 집을 좋아하기 때문이다. 마땅히 표현할 단어가 없다고 해서 집이 "nice"하다고 말해서도 안 된다. 'nice' 외에 더 나은 표현이 없다는 것은, 아마도 nice하지 않기 때문일 것이다. 이런 단어를 사용한다면, 예상보다 낮은 금액으로 팔리게 될 것이다.

# 매물 홍보에 활용된 단어의 효과가
# 실제 거래가격에 미친 영향

| 단어 | 최저가 대비 $ | 중간값 대비 $$ | 최고가 대비 $$$ |
|---|---|---|---|
| Bargain | — | −3.5% | — |
| Basketball | 4.5% | — | — |
| Beautiful | 2.3% | — | — |
| Captivating | — | — | 6.5% |
| Cosmetic | — | −2.5% | −7.5% |
| Custom | — | — | 0.7% |
| Exquisite | — | 1.9% | — |
| Fixer | — | −11.1% | — |
| Gentle | — | — | 2.3% |
| Granite | 4.2% | 2.7% | 1.1% |
| Impeccable | 5.9% | — | — |
| Investment | −6.6% | — | — |
| Investor | −5.3% | — | −6.6% |
| Landscaped | 4.2% | 1.5% | 1.6% |
| Luxurious | 8.1% | — | — |
| Nice | −1.1% | −1.0% | — |
| Opportunity | −2.0% | — | — |
| Pergola | — | 4.0% | — |
| Potential | −4.3% | — | — |
| Remodel | 2.9% | 1.8% | 1.7% |
| Spotless | 2.0% | — | — |
| Stainless | 5.0% | 2.8% | 1.4% |
| Tile | 2.0% | — | — |
| TLC | −4.2% | — | −8.7% |
| Updated | — | 0.8% | — |
| Upgraded | 1.8% | — | — |

## 매물 광고보다 더 중요한 것

매물 광고 시 적절한 형용사를 사용하는 것도 중요하지만, 더 중요한 것은 그 형용사에 어울리는 현실의 주택이다. 적절하게 표현된 광고는 더 많은 사람들이 오픈 하우스에 찾아오게 할 수 있고, 방문자가 많아지면 경쟁도 치열할 것이며, 결과적으로 거래금액은 높아질 것이다. 그런데, 오픈 하우스에 찾아온 방문자들이 실제가 광고와 다르다는 것을 알게 된다면 이런 일은 결코 벌어지지 않을 것이다. "완벽하게 리모델링된 고급 주택"이라고 포장했다고 해서, 허름한 주택을 비싸게 팔 수는 없는 노릇이다.

거짓말에는 돈이 들지 않는다. 그러니 꼭 하고 싶은 말이 있다면 'nice' 같은 애매한 표현은 빼야 한다. 주택의 매력 포인트를 구체적으로 광고하지 않으면, 거래에서 손해를 볼 수 있기 때문이다. 2011~2012년 매물 중에서, 구체적으로 '화강암' 마감을 광고한 주택들은 일반 주택 대비 1.1% 더 많이 팔렸다. 중저가 주택일수록 효과가 더 컸는데, 화강암으로 마감된 집은 관리가 용이하기 때문이다. 만약 화강암을 알리지 않았다면, 오픈 하우스의 방문객은 줄어들고 거래금액도 낮아졌을 것이다.

우리는 화강암, 스테인리스처럼 구체적인 재료가 명시된 설명이 실제 거래금액에 긍정적인 영향을 미친다는 것을 발견했다. 매수인들이 이러한 단어를 통해 사진으로 알 수 없었던 추가적인 정보를 얻을 수 있고, 집의 가치를 더욱 높게 평가할 수 있기 때문이다. 매도인이라면 장점을 충분히 어필해야 한다. 부끄럽다고 집을 싸게 팔 수는 없지 않은가.

## 설명이 길수록 비싸게 팔린다

설명이 길어지면 매수인들이 지루하지 않을까? 신경 쓰지 않아도 된다. 실제로 매물에 대한 설명이 더 길고 자세할수록 더 비싸게 팔린 것으로 나타났기 때문이다. 매수인은 집에 대한 구체적인 설명을 원하며, 추가적인 정보는 언제나 도움이 된다. 다음에서 볼 수 있듯이, 고가주택이든 저가 주택이든 집에 대한 설명이 구체적일수록 비싸게 팔렸다.

그리고 또 한 가지, 고가주택일수록 매물에 대한 설명이 길었다. 크고 멋진 집일수록, 다양한 기능과 특징에 대해 설명할 것이 많기 때문이다. 고가주택에 대한 설명이 평균 68개 단어를 사용했다면, 저가 주택은 47개 단어만 사용했다. 어떤 경우에도, 많은 단어가 사용될수록 거래금액이 높았다.

가격대별 매물 홍보문 길이

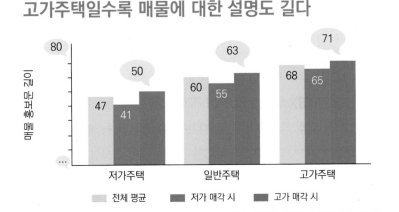

**고가주택일수록 매물에 대한 설명도 길다**

물론, 여기에도 주의사항이 있다. 약 250단어가 넘어가는 순간부터는, 추가적인 설명도 별로 도움이 되지 않았다는 것이다. 그저 길게 설명하는 것이 아니라, 적절한 단어와 표현을 선택해야 한다. 애매한 단어로 중언부언하기보다, "화강암 조리대", "스테인리스스틸 가전"과 같이 객관적이고 구체적인 특징을 강조해야 한다. 최근에 보수하거나 개선한 부분, 차별화된 특징은 반드시 설명해야 한다. 매수인들이 필요로 하는 정보라면 모두 제공하는 것이 좋다. 그래야 더 비싸게 팔 수 있기 때문이다.

## 나의 의도보다 중요한 것은 상대의 해석이다

부동산 매물을 홍보하는 표현에는 숨겨진 코드와 규칙이 있었다. 이 규칙들이 너무 복잡해서 매물을 설명하기 어렵게 느껴질 수도 있다. 매수인이 내 의도를 오해하거나, 정보가 제대로 전달되지 않을까 걱정될 수도 있다.

하지만 우리는 매물정보에 사용된 단어들의 코드를 정확하게 해독했다고 생각한다. 특정 단어가 전달되는 의미만 제대로 이해하고 있다면, 누구나 잘 활용할 수 있을 것이다. Amy가 온라인 데이트 프로필에 대해 연구했을 때, 그녀는 내가 말하는 의도보다 상대가 해석한 의미가 더 중요하다는 것을 깨달았고, 남자친구를 만날 수 있는 최고의 프로필을 만들 수 있었다. 부동산도 마찬가지다. 데이터를 잘 활용한다면 여러분도 Amy처럼 해피엔딩을 맞을 수 있을 것이다.

# 12. 집을 내놓기 가장 좋은 시기는 언제일까

전국적으로 주택 거래량이 가장 많은 시기는 6월이다. 6월 마지막 주, 전국의 주택 거래량은 평균 대비 40% 이상 높았다. 추운 지역에서는 6월보다 조금 늦고, 따뜻한 지역에서는 그보다 조금 이른 경향이 있다. 예를 들어, Miami의 주택 거래량은 3월에 가장 많지만, Chicago에서는 6월에 가장 많다.

조금만 생각해보면 사실 아주 합리적인 일이다. Chicago에서 추운 1월에 집을 구하려고 눈길을 헤치고 싶지 않을 것이고, Florida에서 덥고 습한 8월에 집을 구하고 싶지는 않을 것이다. 학기 중간에 전학을 가야 하는 아이들의 사정도 있다. 날씨와 가족들의 불편을 생각한다면, 이사의 적기는 늦봄이나 초여름이 되는 것이다.

부동산 거래는 분명히 날씨의 영향을 받는다. 인터넷에서도 언제가 매물을 내놓을 적기인지에 대해 여러 조언들을 찾을 수 있는데, 대부분은 "주택 거래가 더운 날씨에 이루어지고 매매가격도 이 시기가 가장 높으니, 연초에 미리 매물을 내놓는 것이 가장 좋다"는 것이다. 이렇게 하면 매매 적기인 6월에, 여름철 프리미엄이 반영된 가장 좋은 가격으로 팔 수 있다는 것이다.

시장의 통념이긴 하지만 충분히 일리 있는 말이다. 집을 팔고자 하는 모든 집주인들은 가능한 빨리, 가능한 높은 가격에 팔고 싶어한다. 그리고 매물을 일찍 내놓게 되면 더 많은 매수자를 만날 수 있으니, 빨리, 좋은 가격에 팔 수 있는 기회가 더 많은 것처럼 보이기도 한다.

하지만 곰곰이 생각해보면, 이런 방법은 정확하지 않을 뿐더러 별로 도움이 되지 않는다. 연초에 매물을 내놓는다고 해서 복잡한 부동산 시장의 탐색범위가 줄어드는 것도 아니다. 이는 연말에 매물을 내놓더라도 마찬가지이다. 언제 매물을 내놓아야 할지, 시장의 통념이 애매모호한 것은 그럴만한 이유가 있다. 최근까지 그걸 확인할 수 있는 데이터가 없었기 때문이다. 분석하는 방법을 몰라서가 아니라, 분석할 데이터가 없었다.

모든 거래는 수요와 공급에 달려 있다. 집주인이 가장 빨리, 비싸게 팔 수 있는 시점을 확인하려면, 다음 네 가지 질문에 대한 데이터가 필요하다.

1) 매수인은 언제 많은가
2) 매도인은 언제 많은가
3) 매물은 언제 많은가
4) 실제 거래량은 어떠했는가

이제 이 질문에 대답할 수 있는 데이터가 있다. 이 데이터를 분석하면 모든 집주인들이 궁금해하는 판매 적기를 파악할 수 있을 것이다.

Zillow는 독자적인 방법으로 주택 수요를 조사했는데, 지난 2년 동안 Zillow 웹사이트의 트래픽을 분석해 사람들이 언제 집을 사려고 했는지 파악했다. 확인해보니 4월 셋째 주부터 웹사이트 또는 앱을 통해 부동산 중개인에게 연락하는 이용자들이 급격하게 증가했고, 이런 현상이 7월까지 계속되었다. 중개인에게 연락을 했다면, 이용자가 주택을 구입하려고 한다는 분명한 표시로 받아들일 수 있다. 그리고 이런 연락이 실제 주택 거래로 이어진다는 것도 확인할 수 있었는데, 서비스 이용이 급증한 4월 이후 9주가 지난 6월 말부터 주택 거래량이 급증했기 때문이다.

📈 연평균 판매량 대비 월별 주택 판매량 비율

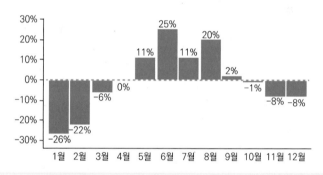

집을 팔기 좋은 시기는 언제일까

이런 데이터가 집주인들에게 어떤 도움이 될까? 5월과 7월 사이 중개인들에게 문의가 증가하고 6월에 주택 거래량이 가장 많았다면, 집주인들이 연초에 매물을 내놓아야 한다는 통념이 맞는 것 같기도 하다. 하지만 '연초'는 언제를 말하는 것일까? 집주인들이 두 가지 목표, 빨리, 더 비싸게 팔 수 있는 최적의 시점이 있을까?

우리는 너무 일찍, 또는 너무 늦게 내놓아도 거래가격이 낮아진다는 사실을 발견했다. 분명히 집주인이 몇 천 달러는 더 받을 수 있는, 매물을 내놓을 최적의 시점은 있다. 이런 최적의 시점을 찾기 위해, 이제

공급 측면을 살펴보자. 공급이 많으면 몇 달이 지나도 팔리지 않을 수 있지만, 공급이 제한적이면 매물에 대한 수요자 경쟁이 이루어질 것이고, 이는 곧 모든 집주인들이 원하는 최고가 판매로 이어질 것이기 때문이다.

Zillow에 매물로 등록된 400만 채의 주택을 분석해보니 다음을 알 수 있었다. 대부분의 집주인들은 기존의 통념대로 2월 셋째 주와 3월 초에 매물을 등록했다. 이들은 늦은 겨울에 매물을 올려놓고, 봄과 여름에 찾아올 매수인들에게 어필하기 위해 노력하고 있었다. 하지만 곧 새로운 매물이 더 올라오면서, 집주인들의 경쟁은 치열해지고 매수인들의 선택 폭이 늘어났다.

Zillow의 데이터는 단순히 수요와 공급을 넘어 더 구체적인 그림을 제공한다. 매물이 거래되기까지 소요된 기간, 매물이 등록될 때의 추정 시세와 실제 거래가격의 차이, 특정 시점에 등록되어 있는 매물의 종류, 그리고 집주인이 주택을 팔기에 가장 적절한 시점까지 모두 알 수 있었다. 데이터에 따르면, 일반적으로 3월 마지막 주에 매물로 나온 주택이 가장 빨리, 가장 높은 금액으로 팔렸다. 거래가 성사된 시점은 매물 등록이 정점에 도달하는 2월 말 3월 초와 중개인에 대한 문의가 정점에 도달하는 5~6월 사이였다. 이 기간에 거래된 매물은 비싸게 거래되는 경향을 보였는데, 그 기간의 매물이 규모도 크고 가격도 비싼 경향이 있긴 했지만, 그것만이 유일한 이유는 아니었다. 3월 말에 등록된 매물들은, 다른 매물이 등록되기 전에 이미 판매가 완료되었던 것이다.

새로운 매물이 등록되면 매수자들은 선택의 폭이 넓어진다. 그 시점에서, 등록된 지 오래된 과거의 매물은 매수자들에게 다소 부실해 보이기 마련이고, 상대적으로 새로 등록된 매물이 눈에 띈다. 결과적으로 새로 등록된 매물이 더 많은 관심과 연락을 받게 되고, 더 높은 금액으로 판매되는 것이다. '시간이 금'이라는 속담이 있는데, 데이터에 따르면 '타이밍이 금'이다. 2011~2012년에는 3월 말에 등록된 매물이 비록 빨리 거래되지는 못했지만 평균 대비 2% 높은 가격에 거래되었다. 이를 전국 기준으로 환산하면 $4,000 약 500만 원가 넘는 가격이다.

부동산은 지역시장인 만큼, 전국보다 지역을 좁혀 살펴보는 것이 도움이 될 것이다. 일부 도시에서는 매물을 등록한 시점에 따라 프리미엄의 차이가 큰 경우도 있었기 때문에, 이는 중요한 고려사항이다. 예를 들어 Seattle에서는 적기에 등록된 매물이 평균 대비 2.8% 높은 가격에 거래되었는데, 프리미엄은 $6,500 약 770만 원 수준이었다. 반면, Bay Area 지역에서는 평균 대비 5.9% 높았으며, 해당 매물은 $22,000를 더 받을 수 있었다.

고려해야 할 또 다른 중요한 요인은 바로 날씨이다. 날씨가 따뜻한 지역에서는 늦은 봄이 가장 좋았고, 날씨가 추운 지역은 초여름이 가장 좋았다. 예를 들어, 2011년을 기준으로 Atlanta에서 가장 높은 가격으로 판매된 매물은 3월의 셋째 주에 등록된 매물이었지만, Boston에서는 4월 둘째 주였다. 타이밍이 곧 돈이기 때문에, 잘못된 시기를 선택하면 그만큼 손해를 볼 수 있다. 특히 12월에 등록된 매물은 다른 매물에 비해 훨씬 낮은 가격에 거래되는 경향이 있다. Atlanta에서 12월 마지막 주에 등록된 매물은 평균 대비 7% 낮게 거래되었고, Chicago에서도 12월 셋째 주에 등록된 매물의 거래가격은 평균 대비 8.6% 낮았다. 12월 휴가철은 일 년 중 가장 멋진 시기이지만, 집을 팔 때만큼은 그렇지 않은 것이다.

# 집을 팔기 나쁜 시기는 언제일까

Atlanta 　12월　 ↓ -7.0%

Boston 　12월　 ↓ -4.5%

Chicago 　12월　 ↓ -8.6%

Dallas-Fort Worth 　9월　 ↓ -3.0%

Miami-Fort Lauderdale 　12월　 ↓ -4.3%

New York 　12월　 ↓ -2.8%

San Francisco 　12월　 ↓ -3.7%

Seattle 　12월　 ↓ -6.9%

United States 　12월　 ↓ -2.1%

■■■■ = 연평균 매매가 대비 격차율

이런 것들을 모두 고려하는 것이 어렵다고 생각할 수도 있다. 집을 내놓기 가장 좋은 시기가 있다는 것 자체가 미덥지 못할 수도 있다. 물론, 그 시기는 고정되어 있는 것이 아니다. 매물이 많이 등록되는 시기, 중개 문의가 늘어나는 시기는 매년 바뀌었고, 앞으로도 바뀔 수 있다. 그리고 앞서 얘기한 대로 그해 날씨 패턴에 따라 바뀔 수도 있다. 아무리 추운 지역이라도 어느 해의 겨울은 비정상적으로 따뜻할 수 있고, 이런 경우라면 매물을 내놓기 좋은 시기는 1~2주 정도 빨라질 수도 있기 때문이다.

이 시기를 예측할 수야 없겠지만 어느 정도 감지할 수는 있다. 집을 내놓기 전에 해당 지역의 매물 등록건수를 주시해야 한다. 매물이 증가하는 시기와 증가폭이 감소하는 시기를 찾으면 된다. 바로 그때가 집을 내놓기에 가장 좋은 시기이기 때문이다.

마치 전자레인지에 팝콘을 돌리는 것과 같은 원리이다. 너무 빨리 꺼버리면 팝콘이 되지 않고, 너무 오래 돌리면 모두 타버린다. 그래서 팝콘이 터지는 소리를 잘 들어야 한다. 속사포 터지는 소리가 줄어드는 바로 그때가 전자레인지를 꺼야 하는 타이밍이다. 집도 마찬가지이다. 늦겨울과 초봄, 신규 매물이 급증하는 시기가 끝날 바로 그때가 집을 내놓을 적기인 것이다.

# 14. 매물가격에서 피해야 할 숫자들

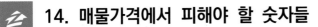

## 미신도 잘 활용하면 도움이 된다

미국을 비롯해 많은 서구 국가에서 건물에 13층이 없는 것처럼, 이 책에도 13장이 없다. 그 이유는 13이라는 숫자에 대한 미신 때문이다. 미신은 분명히 비합리적인 것이지만, 일상생활과 전혀 관련이 없지는 않다. 미신이 문화 전반에 영향을 주고 있기 때문에, 우리는 행운과 불운을 상징하는 특정한 숫자가 부동산 거래에 어떤 영향을 미치는지 알고 싶었다. 통계적으로 볼 때는 분명히 영향을 미치고 있었다.

## 잘 팔리는 주소가 있다

일단, 파라스케비 데카트리아 공포증paraskevidekatriaphobia에 대해 얘기해보자. 이 공포증은 '13일의 금요일'을 무서워하는 심리인데, 우습겠지만 거의 1,700~2,100만 명의 미국인들이 13일의 금요일을 무서워한다. 13일의 금요일이 되면 집밖으로 나가지 않는 사람들이 있을 정도이다. North Carolina의 한 심리연구소에 따르면, 13일의 금요일이 되면 시민들의 외부 활동이 줄어들어 미국 경제에도 $8~9억 내외의 손실이 발생한다고 한다. 정말 불길한 날이다.

13 외에 불길한 숫자는 또 있다. 성경 요한계시록에서 '짐승의 숫자'라고 묘사하는 666도 불길과 불운을 상징하는데, 이 공포증의 이름은 발음조차 어려운 '헥사포비아hexakosioihexekonta'이다.

반대로 행운을 상징하는 숫자는, 우리가 Las Vegas에서 가장 좋아하는 행운의 숫자 7이 있다. 또 성경 요한복음 3장 16절 "하나님이 세상을 이처럼 사랑하사 독생자를 주셨으니, 이는 그를 믿는 자마다 멸망하지 않고 영생을 얻게 하려 하심이니라."를 상징하는 316도 행운을 상징한다. 316은 자동차 번호판에서부터 광고판까지 다양한 곳에서 발견할 수 있다.

과연 이런 숫자들이 주택 거래에도 영향을 줄까? 가격에 666이 들어가면, 거래가격이 평균 대비 3.2% 떨어지는 것으로 나타났다. 그런데, 집주소에 13이 들어가면 오히려 2% 높은 금액에 거래되는 것으로 나타난다. 물론, 13이 들어간 집주소가 다른 숫자 대비 훨씬 적어서 그럴 수도 있다. 오래된 건물에 일반적으로 13층이 없는 것처럼.

또 다른 놀라운 사실은 행운의 숫자인 7이 정작 주택 거래에는 안 좋은 영향을 미친다는 것이다. Las Vegas의 슬롯머신에서 '777'은 대박을 쳤다는 의미이지만, 집주소가 777인 집은 평균 대비 2.1% 낮게 거래되었고, 'Main Street 17779'처럼 집주소에 777이 일부 포함된 집도 평균 대비 1.8% 낮게 거래되었다. 반면 집주소에 7만 포함된 집은 평균 대비 1.8% 높게 거래되었고, 316이 포함되어 있으면 1.2% 높게 거래되었다. 즉, 집주소와 관련해서는 미신이 크게 영향을 미치지 못했다는 것을 알 수 있다. 미신을 믿는 사람이라면, 집주소를 바꾸기는 어려워도 판매가격을 바꾸는 것은 그리 어렵지 않을 것이다. 따라서 매물가격에는 미신이 어느 정도 반영될 수 있다. 이는 실제 Zillow에 등록된 450만 채의 매물가격을 분석한 결과이다.

## 지역시장에 미신이 없는지 파악하라

매물가격에 미신이 반영되는지 파악하기 위해, 미신과 관련된 4와 8의 영향을 조사했다. 중국에서 숫자 8은 부나 번영을 의미하는 행운의 숫자이다. 8을 두 번 겹쳐 쓴 88도 마찬가지로 행운을 상징한다. 반대로 4는 죽음을 의미하는 숫자라고 믿는다.

아시아권에서는 숫자에 대한 믿음이 다양한 방식으로 나타나는데, 서구 건물에 13층이 없는 것처럼 아시아 건물에는 4층이 없는 경우가 많다. 홍콩에서는 많은 건물에 숫자 4가 들어가는 층(4, 14, 24, 34, 40~49층)이 없다. 이렇게 하다 보니 실제로 36층이지만, 50층까지 표시되는 경우도 있다.

반대로 8은 부를 상징하기 때문에 8이 들어간 물건은 매우 귀중하게 여겨진다. 2008년 중국 베이징 올림픽 개막식은 2008년 8월 8일 오후 8시 8분에 시작되었고, 중국 쓰촨성 청두시의 한 남성은 숫자 8로 이루어진 전화번호를 $270,723 약 3.2억 원에 팔기도 했다.

부동산 거래에서 4와 8의 영향을 확인해보자. 매물가격의 마지막 숫자가 0이 아닌 4 또는 8인 매물을 찾아보았다. 매물가격이 $180,000, $274,000, $300,008 또는 $400,040와 같은 경우가 있었다. 매물가격이 4 또는 8로 끝나는 경우와 미국 내 중국인 인구의 비율을 비교해보았다. 중국인이라면 매물가격에 행운의 숫자 8을 포함시킬 수 있을 테니,

중국인이 많은 지역에서는 가격이 8로 끝나는 매물이 더 많을 것으로
예상했다.

## 행운·불운의 숫자가 포함된 매물가격의 비율

| 우편<br>번호 | 도시 | 중국인 비율 | 4로 끝나는<br>매물 비율 | 8로 끝나는<br>매물 비율 |
|---|---|---|---|---|
| | United States | 1.2% | 2.5% | 3.8% |
| 91801 | Alhambra, CA | 38.5% | 1.9% | 25.7% |
| 91007 | Arcadia, CA | 40.9% | 0.3% | 50.2% |
| 91755 | Monterey Park, CA | 52.3% | 1.3% | 31.3% |
| 91754 | Monterey Park, CA | 39.7% | 0.5% | 30.2% |
| 11355 | New York, NY | 45.8% | 0.7% | 27.3% |
| 94133 | San Francisco, CA | 44.2% | 0.0% | 6.1% |
| 94134 | San Francisco, CA | 39.7% | 0.5% | 13.8% |
| 94116 | San Francisco, CA | 37.7% | 0.5% | 14.9% |
| 91776 | San Gabriel, CA | 41.4% | 1.7% | 33.3% |
| 91780 | Temple City, CA | 39.2% | 1.3% | 42.3% |

출처: 미국 인구조사국, Zillow

우리가 예측한 것처럼, 중국인들이 많이 사는 지역에서는 매물가격
에 행운의 숫자 8이 들어간 비중이 전국 평균보다 훨씬 높았고, 죽음의
숫자 4가 들어간 비중은 훨씬 낮았다.

그렇다면 매물가격에 숫자 8이나 4가 들어가면 실제 거래가격에도
영향을 미칠까? 우리는 중국인의 비율이 10% 이상인 지역의 거래가격
을 분석했다. 그 결과, 중국인의 비율이 적은 지역에서는 숫자 8이 실
제 거래가격에 미치는 영향이 미미했지만, 중국인의 비율이 높은 지역
에서는 숫자 8로 끝나는 가격의 매물이 평균 대비 1.5% 더 비싸게 거
래되었다는 사실을 알 수 있었다. 이 수치를 금액으로 환산하면 $2,400
약 280만 원이다. 중국인이 많은 지역에서는, 숫자 8이 부를 상징할 뿐만

아니라 실제 부로 이어졌던 것이다.

일반적으로 매물가격이 숫자 4로 끝나는 주택은 평균 대비 0.4% 낮게 거래되었다. 그러나 중국인의 비율이 10% 이상인 지역에서는 그 영향력이 더 커서 평균 대비 1%까지 낮게 거래되었다. 따라서 이런 지역이라면, 부동산을 거래할 때는 중국 고유의 문화를 파악하는 것이 필요하다. $154,000 대신 $158,000에 매물을 내놓아야 더 많은 매수인을 만날 수 있기 때문이다.

# 15. 매물을 처음부터 비싸게 내놓으면 안 되는 이유

오랫동안 인기를 끌고 있는 TV 쇼 프로그램 〈Price Is Right〉를 본 적이 있을 것이다. 이 프로그램의 참가자들은 자동차에서부터 크림수 프에 이르기까지 여러 제품들의 판매가격을 추측하며 경쟁한다. 실제 판매가격에 가깝게 맞춘 참가자는 그 상품을 경품으로 받을 수 있고, 너무 높게 추측하면 탈락한다.

TV 쇼 〈Price Is Right〉

집을 얼마에 내놓을지 결정하는 것도 〈Price is Right〉 게임과 비슷하다. 빨리 팔고 싶다면 가능한 시세와 비슷하거나 낮은 가격으로 내놓아야 한다. 가격을 너무 높게 책정하면 TV 쇼에서처럼 탈락할 수 있기 때문이다. 매도인이라면 당연히 집을 시세보다 낮게 내놓지 않으려 할 것이고, 오히려 시세보다 높은 가격으로 집을 내놓으려 할 것이다. 집을 비싸게 내놓고 조금이라도 이익을 보려는 의도이지만, 실제 이런 전략은 거의 통하지 않을뿐더러 오히려 역효과를 내는 경우가 더 많다. 처음부터 가격을 높게 책정하면, 결과적으로는 가격을 더 낮추게 되기 때문이다.

Barkers와 Careys라는 두 가족이 있다고 하자. 이들은 같은 동네에 살고, 같은 해에 지어진 똑같은 모양의 집을 갖고 있다. 두 집 모두 침실 3개, 욕실 2개가 있으며, 욕실에는 자쿠지가 있고, 패밀리룸에는 멋진 벽난로가, 주방에는 화강암으로 된 조리대가 있다. 이 주택의 시세는 $200,000 약 2.4억 원로 동일하다.

Barkers는 〈Price Is Right〉의 애청자답게, 시세 수준으로 가격을 책정했다. 그는 이 집을 2006년에 $225,000에 샀지만, 시세대로 $200,000에 내놓았다. 집을 내놓고 오픈 하우스를 열자 여러 매수인들이 찾아왔고, 이들 사이에 경쟁이 벌어졌다. 집을 내놓은 지 몇 주 지나지 않아 그는 $4,000 더 높은 $204,000에 집을 팔 수 있었다.

반면, Careys는 자기 집이 시세보다 훨씬 더 가치가 있다고 자신했다. 그는 이 집을 2009년에 $210,000에 샀는데, 그 가격보다 10% 높은 $220,000에 집을 내놓았다. 하지만 집은 팔리지 않았고, 오픈 하우스를 열어도 찾아오는 사람이 없었다. 어쩔 수 없이 가격을 $210,000로 내

렸지만, 여전히 시세보다 5% 정도 높았다. 몇 주가 지나도 여전히 찾아오는 사람이 없었고, 그녀는 이사도 가지 못한 채 계속 대출이자를 내야만 했다. 다시 가격을 $10,000 낮춰 $200,000로 조정했지만, 이미 너무 늦었다. 매수인들은 이미 이 집이 몇 달 동안이나 팔리지 않고 있다는 사실을 알고 있었기 때문이다. 과거에는 부동산 중개인들만 알 수 있었지만, 지금은 누구나 온라인 웹사이트를 통해 매물정보를 쉽게 확인할 수 있다. 매수인들은 오랫동안 팔리지 않는 집에는 뭔가 문제가 있다고 생각했고, 더 낮은 가격을 기대했던 것이다. 그녀는 조금이라도 이익을 볼 생각으로 높은 가격을 책정했지만, 이 전략은 결국 정반대의 결과를 초래했다. 결국 $16,000나 낮은 $188,000에 겨우 집을 팔 수 있었다. Barkers가 받은 금액보다 6%나 낮았지만, Careys에게는 선택의 여지가 없었다.

데이터에 따르면 많은 매도인들이 집을 내놓을 때 잘못된 전략을 선택한다. 판매가격을 결정할 때, 집주인의 절반 정도는 Barkers의 전략을 선택하지만, 나머지 절반은 Careys와 같은 실수를 저지른다. Zillow에 등록된 백만 개 이상의 매물을 대상으로 매물금액을 조사했는데, 47%가 최초 판매가격보다 가격을 낮췄다는 사실을 알 수 있었다. 이들은 처음에 시세 대비 약 6.9% 높게 가격을 책정했는데, 결과적으로 −15%까지 가격을 조정해야 했다.

이 중 57.4%는 단 한 번 가격을 조정해 거래에 성공했다. 대부분의 매도인들이 최초 판매가격으로 집이 팔리지 않는 것을 확인한 후에야, 자신의 실수를 깨닫고 가격을 낮춰 매수인을 만날 수 있었다. 하지만 25%는 집이 팔리지 않더라도 약간만 가격을 낮췄고, 결과적으로 다시 한번 가격을 낮춰야 했다. 1%의 매도인들은 최대 6번까지 가격을 낮춰

서야 겨우 집을 팔 수 있었다.

데이터에 따르면 최초 판매가격이 비쌀수록, 오히려 시세보다 낮게 팔리는 경향이 있었다. 최초 가격이 높을수록, 가격조정이 클수록, 최종 거래가격에 미치는 영향도 컸다. 예를 들어 가격을 10% 낮춘 주택의 평균 거래가격은 평균 대비 2% 낮았는데, 처음부터 시세 수준으로 가격이 책정된 주택과는 4%p 정도 차이가 났다. 이 격차가 크지 않다고 생각할 수도 있지만, 시세 $400,000 약 4.7억 원의 주택이었다면 판매가격을 10% 더 높게 책정했다가 $16,000 약 1,800만 원까지 손해가 발생할 수 있는 셈이다.

매물가격을 높게 책정하면, 금전적인 손해뿐만 아니라 시간도 더 많이 들었다. 여기서도 마찬가지로, 매물가격이 높을수록 방매기간에 미치는 영향이 컸다. 2013년 초를 기준으로, 시세 수준으로 가격을 책정한 경우 방매기간은 평균 107일이었지만, 가격을 10% 낮춘 주택의 방매기간은 220일이었다. 10%의 가격 차이로 방매기간이 두 배, 4개월까지 차이가 났던 것이다.

쇼 프로그램과 마찬가지로, 높은 가격에 대한 유혹을 뿌리친 사람들은 시장에서 충분한 보상을 받을 수 있었다. 〈Price Is Right〉의 참가자들이 정확한 가격을 예측해 경품을 받는 것처럼, 시세 수준으로 매물가격을 책정한 매도인들은 더 빨리 집을 팔 수 있었을 뿐만 아니라, 거래가격 역시 평균 대비 2% 이상 높았다.

판매가격을 낮추는 것은 매도인에게 어려운 일이다. 매수인을 찾기 위해 가격을 낮추면서 그들도 불안감과 실망감을 느끼기 때문이다. 그래서 집값을 너무 높게 책정했을 때 가장 좋은 방법은, 단 한 번에 시세 수준으로 가격을 낮추는 것이다.

유명인들 역시 거짓말을 해서 문제가 되는 경우, 가능한 빨리 잘못을 인정하고 사과하는 것이 최선이라고 전문가들은 조언한다. 거짓말을 인정하는 것은 결코 쉽지 않은 일이지만, 결과적으로는 가장 최선의 행동이다. 집도 마찬가지다. 매물가격을 너무 높게 책정했다면, 바로 실수를 인정하고 한 번에 시세수준까지 가격을 낮추는 것이 좋다. 찔끔찔끔 가격을 조정해 보았자, 스트레스만 커지고 문제만 더 복잡해진다. 집은 팔리지 않고 계속 매물로 남아 있을 것이고, 부동산 중개인은 여러분들의 집에 B급 매물이라는 스티커를 붙이게 될 테니까 말이다.

Careys에게 일어난 일은 주택시장의 거품이 꺼질 때 많은 집주인들에게 일어난 일이기도 했다. 집주인들이 매물가격을 얼마나 높게 책정하는지는 집을 구입한 시기와 가격에 따라 달랐는데, 2006년 1월에 집을 산 집주인들은 매물가격을 시세 대비 8% 정도 높여서 내놓았지만, 2009년 1월에 집을 산 집주인은 22%까지 가격을 높였다. 즉, 주택시장이 붕괴하기 전에 집을 산 사람들은 시장의 현실을 더 잘 받아들였지만, 그 이후에 집을 산 사람들은 집값이 얼마나 떨어졌는지 인정하기까지 오랜 시간이 걸렸던 것이다.

2009년 이후에 집을 산 사람들은 실제 구입한 가격보다 10% 높게 가격을 책정했는데, 이 가격대로라면 2009년 이후 주택가격이 오른 것이 된다. 하지만, 실제 2009년 이후 주택가격은 10% 하락했다. 결과적으로 시세보다 20% 높은 수준으로 가격을 책정한 셈이 되었던 것이다. 그리고 그 결과는 앞서 말했던 것처럼 결코 좋지 않았다.

이제 Careys가 처한 상황을 더 잘 이해할 수 있을 것이다. Barkers는 주택시장 침체 이전인 2006년에 집을 샀지만, Careys는 거품이 꺼진 2009년에 집을 샀다. Careys는 이제 주택시장이 바닥에서 벗어났다고 생각해 매물가격을 시세보다 25% 높게 책정했던 것이다. 하지만, 주택시장의 거품은 한 번에 해소되지 않았고, 4년 반에 걸쳐 서서히 사라졌다. Careys가 집을 샀던 2009년의 $225,000도 여전히 고평가된 가격이었던 것이다. 2012년까지 그 집의 시세는 $200,000 수준이었다. 그러한 사실을 받아들이지 못하고 매물가격을 높게 책정했던 것이다.

어떤 집주인들은 손해를 감수하고 집을 팔아야 할 때, 집값이 떨어졌다는 사실을 받아들이지 못한다. 하지만 데이터는 분명히 말하고 있다. 집주인들이 선택할 수 있는 최선은, 언제나 시세 수준으로 가격을 책정하는 것이라는 사실을 말이다.

# 16. 매물가격을 저렴하게 보이게 하는 방법

## 마법의 숫자 9

1980년대 초, Dave Gold는 Los Angeles에서 아내와 함께 주류 판매점을 운영하고 있었다. 그는 가게를 운영하다가 특이한 경험을 했는데, 와인 한 병의 가격을 $0.98, $1.02 대신 99¢로 했더니 순식간에 팔려나갔던 것이다. 99¢라는 가격에 뭔가가 있었다. 《Los Angeles Times》와의 인터뷰에서, Dave는 "저는 9가 마법의 숫자라는 것을 깨달았습니다."라고 말했다.

1982년 Dave는 Los Angeles에 미국 최초의 99¢ 전용 매장을 열었다. 이 매장에서는 주방용품, 미용제품, 반려견 사료까지 거의 모든 상품을 99¢에 팔았는데, 반응은 폭발적이었다. 그의 매장은 미국 전역에 300개의 지점을 가진 대형 체인점으로 성장했고, 2013년 사망할 때 그는 이미 억만장자였다.

Dave Gold가 마법의 숫자로 큰돈을 벌었던 것처럼, 가격 책정의 효과를 아는 사람들은 더 있었다. 이렇게 심리를 이용한 판매가격은 이제 식료품에서 고급의류까지 어디에서나 볼 수 있다. 널리 활용되는 데에는 분명한 이유가 있다. 효과가 있다는 것이다.

한 연구에서 여성의류 소매업의 매출을 분석했는데, 0 대신 9로 끝나는 가격의 제품이 평균 대비 8% 더 많이 팔렸다는 사실이 밝혀졌다. 또 다른 실험에서는 같은 제품을 각각 $34, $39, $44에 판매했더니, $34와 $44 제품은 거의 비슷하게 판매된 반면 $39 제품의 판매량은 월등하게 높았다.

숫자 9에 정말 특별한 힘이 있는 걸까? 소매업체, 광고주, 심리학자들 사이에서 끝없는 논쟁을 불러일으킨 질문이다. 우리는 9로 끝나는 가격을 보는 순간, 자동으로 반올림을 해 1만큼 절약했다고 생각하는 걸까? 아니면 9로 끝나는 가격을 보면 일종의 할인이라고 받아들이는 걸까? 아니면 숫자 9의 모양이 우리에게 영향을 미치는 것일까?

누구도 이 현상을 완벽하게 설명하지 못하지만, 한 가지 사실만큼은 분명하다. 숫자 9는 분명히 효과가 있다는 것이다. 판매자는 가격을 낮추는 대신 더 많이 팔 수 있다. 그리고, 부동산 시장에서도 다른 산업과 마찬가지로 9의 마법은 작동한다.

데이터에 따르면, 매물가격이 0 대신 9로 끝나면 더 빨리, 더 많이 팔리는 것으로 나타났다. 수십만 달러인 매물가격에 99¢를 붙이라는 의미는 아니다. 실제로, $150,000.99와 같은 매물가격은 없다. 주택가격에서는 마지막 숫자가 아니라 유효숫자가 중요하다. 예를 들어 $149,000, $149,900와 같은 식이다. 여러분들이 보시기에도 $150,000보다 더 매력적으로 느껴질 것이다.

두 개의 매물이 있다고 해보자. 면적과 방, 욕실의 구성도 모두 동일하고, 시세도 $150,000로 동일하다. 한 집주인은 이 집을 $149,000에 내놓았고, 다른 집주인은 시세에 맞춰 $150,000에 내놓았다. 어떻게 되었을까? 데이터에 따르면, 놀랍게도 $149,000에 내놓았던 집이 결과적으로는 평균 $2,175 약 250만 원 더 비싸게 팔렸다.

데이터를 더 분석해보니 새로운 사실도 알 수 있었다. 먼저 우리는 천 단위에 숫자 9가 있는 매물을 살펴보았다. 매물가격이 $110,000와 $109,000인 주택, $850,000와 $849,000인 주택의 실제 거래가격을 비교했다. 대부분 매물가격에 9가 있는 경우의 실제 거래가격이 더 높았다. 매물가격을 0 대신 9로 책정했을 때, 실제 거래에서도 분명히 이익이 있었던 것이다.

매도인이 실제로 이익을 얻기 위해서는 최초 매물가격을 낮출 필요가 있다. 매수인의 심리를 이용하면 약간의 할인금액은 얼마든지 보상을 받을 수 있기 때문이다. 다시 말하지만, 매물가격 $1,000를 낮춰도 실제 거래가격에서 $1,000 이상을 더 받을 수 있으니 결코 손해가 아닌 것이다. 다음 차트에서 볼 수 있듯이, 매물가격 할인에 따른 보상은 생각보다 컸다.

숫자 9의 효과는 고가주택일수록 줄어드는데, 고가주택일수록 $1,000 할인에 따른 체감효용이 줄어들기 때문에 직관적으로 이해가 되는 부분이다. $100,000인 주택에서 $1,000 할인 효과는 1%이지만, $1,000,000인 주택에서는 0.1%에 불과하다. 고가주택일수록 숫자 9의 효과가 줄어들긴 하지만, 그 영향이 사라지는 것은 아니다. 훨씬 더 높은 가격대에서도 숫자 9는 여전히 무시할 수 없는 심리적 매력을 발휘했다.

# 매물가격에서 숫자 9의 효과

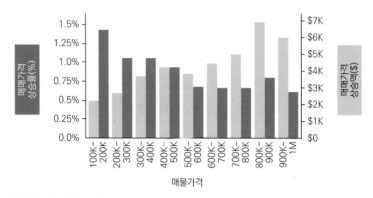

매물가격

$449,000의 주택은 $450,000인 주택보다 더 비싸게 팔릴 뿐만 아니라, 더 빨리 팔렸다. 데이터 분석결과, 천 단위에서 숫자 9를 사용한 경우 최소 4일에서 최대 1주일까지 더 빨리 팔렸다는 사실을 알 수 있었다. 고작 $1,000 더 비쌀 뿐이지만 평균 4.2일 더 늦게 판매되었다. 끝에 9를 붙인 것만으로, 매도인에게 마법 같은 효과를 냈던 것이다.

이런 현상의 원인은 무엇일까? 매수인들이 집을 구하는 과정, 그중 초기 단계에 해답이 있다. 매수인들은 새 집을 구한다는 흥분과 불안의 상태에서 수많은 매물사진과 가격에 노출된다. 이렇게 많은 양의 데이터를 두고 인생의 중요한 의사결정을 내리는 것은 무척 긴장되는 일이다. 이런 상태라면 작은 비교우위도 인상적으로 다가올 수 있다. 즉, 9로 끝나는 가격이 매수인들의 마우스를 잠시 멈추고 시선을 잡아 끄는 것이다.

온라인으로 집을 구할 경우에는 특히 그렇다. 사람들은 대부분 가격 순으로 매물목록을 정렬한다. $149,900로 가격을 책정하면 오름차순으로 정렬할 때 $150,000인 매물보다 상단에 표시된다. 이런 작은 이점만으로도, 이 매물은 다른 매물보다 돋보일 수 있다. 이런 전략은 때로 강력한 힘을 발휘한다. 가장 중요한 가격적 장점은 강한 첫인상으로 매수인들의 관심을 받게 될 것이고, 이런 매수인들이 많아지면 경쟁을 통해 더 빨리 팔리거나 거래가격이 올라가게 되는 것이다.

　　Dave Gold의 말이 옳았다. 집을 팔 때도 9가 마법의 숫자이다.

# 17. 좋은 중개인을 찾는 방법

"우리에게 맡기면 거래는 순식간에!", "공인중개사 Scott Geller", "주택 판매의 반려자", 부동산 중개인에 대한 광고판은 여기저기에 많다. 광고대로라면, 금방이라도 집을 팔 수 있을 것만 같다. 물론, 우리 모두 중개인이 슈퍼히어로가 아니라는 것을 잘 알고 있다. 광고를 아무리 화려하게 했더라도, 실제 집을 파는 데까지 몇 달이 걸릴 수도 있다. 보통 중개인들은, 매수인들이 제안한 가격이 좀 낮더라도 '이 기회를 놓치면 안 된다'고 하거나, 아무리 매수인이 없더라도 '때를 기다리라'는 식으로 조언한다. 하지만, 유능한 중개인은 집을 더 빨리 팔 수 있는 방법을 조언해주기도 한다. 따라서, 더 좋은 가격에 집을 팔고 싶다면, 좋은 중개인을 찾을 수 있어야 한다.

우리 모두 유능한 중개인을 원한다. 지역 사정에 대해 잘 알고, 협상 기술이 뛰어난 사람이어야 한다. 이런 중개인을 어떻게 찾을 수 있을까? 광고만 보고는 도무지 알 수 없다. 그렇다고 무작위로 선택할 수도 없는 노릇이다. 이럴 때 우리는 주변 지인들에게 추천을 받거나, 온라인에 있는 후기를 찾아볼 수 있다. Zillow에 등록된 중개인 거래실적 약 100만 건을 분석해보니, 광고나 사진 말고도 좋은 중개인을 찾을 수 있는 다른 방법이 있었다.

## 부동산 중개인의 역할은 왜 중요할까

부동산 거래에 있어 중개인이 필요하지 않다고 생각할 수도 있다. 그들이 정말 전문가이긴 한 것인지 의심될 수도 있다. 하지만 우리의 대답은 간단하다. 장기적으로 보면, 중개인은 반드시 필요하고 또 중요하다. 한 설문조사에 따르면, 실제로 부동산 거래에서 중개인들의 활동은 더 왕성해지고 있으며 부동산 거래의 90%가 중개인을 통해 이루어지고 있다. 2001년에는 70%에 불과했지만 더 늘어난 것이다.

부동산 중개인은 다른 서비스 산업보다 더 적극적으로 기술을 수용했기 때문에 명맥을 유지할 수 있었다. 대부분의 중개인들이 홍보용 웹사이트를 운영하고 있는데, 이미 수년 전부터 운영되어 온 것들이다. 이들은 문자메시지, 스마트폰, SNS를 적극적으로 활용한다.

물론, 이런 것만이 유일한 이유는 아니다. 진짜 이유는 생각보다 부동산 시장이 복잡하기 때문이다. 집을 사고파는 것은 우리에게 아주 중요한 의사결정이며, 혹시라도 거래과정에 실수가 있으면 큰 손실이 발생할 수 있다. 주택 거래의 중요성을 생각할 때, 숙련된 전문가의 도움이 필요한 것은 어쩌면 당연한 일이다.

중개 서비스의 중요성을 단순히 한두 가지 측면만 보고 일방적으로 주장하는 것은 아니다. 부동산 거래에서 중개인의 역할이 계속 필요한 이유는, 경제학의 이론에서도 찾을 수 있다. '거래비용이론'은 부동산, 주식, 여행시장에서 중개인이 왜 필요한지 설명해준다. 이 이론에 따르면, 사실 중개인이 없을수록 시장은 더 효율적이다. 그래서 '자주 그리고 싸게' 사고파는 물건에는 중개 서비스가 필요하지 않다. 하지만, 거래빈도가 낮고 규모가 큰 경우에는 예외적으로 거래를 전문적으로 관리하는 서비스에 대한 수요가 존재하는 것이다. 주식과 여행시장에서는 중개인이 사라졌지만, 부동산 시장에는 여전히 중개인이 존재하는 이유가 그것이다. 여행상품을 예약할 때에는 부담 없이 결제버튼을 클릭할 수 있지만, 집을 사고 대출을 받을 때만큼은 의사결정에 무게를 느끼며 전문가를 찾게 되는 이유이다.

한 가지 비슷한 사례로, 많은 사람들이 이용하는 온라인 의료정보 서비스 "WebMD"를 보자. 우리는 온라인으로 간편하게 "인후염의 증상"을 검색할 수 있음에도 불구하고, 꼭 의사를 찾아가 진료를 받는다. 누구나 검색엔진에서 몇 초 만에 관련 내용을 찾을 수 있지만, 그 내용을 해석하고 받아들이는 데 도움을 줄 전문가가 여전히 필요하다. 즉, 의사의 역할은 달라졌어도 줄어들지는 않았다.

부동산 중개도 마찬가지다. 주택 거래는 자주 있는 일이 아니며, 비용도 많이 들어 협상 과정의 감정 소모가 크다. 이런 거래에서는 일정 수준의 전문성이 필요하다. 물론, 중개인의 도움을 받는다고 해서 부동산 거래에 대해 알 필요가 없다거나, 앞으로 부동산 시장이 절대 변하지 않을 거라는 의미는 아니다. 실제 부동산 중개인의 업무도 과거에는 정보제공자 역할이었지만, 오늘날에는 자문이나 협상을 대리해주는 서비스로 변화하고 있다. 매물을 찾고 검색하는 일이 점점 더 편리해지고 있지만, 여전히 사람들은 거래를 중개하고 가격을 흥정해 줄 대리인이 필요한 것이다. 여기 좋은 중개인을 찾기 위해 여러분들에게 도움이 될만한 몇 가지 조언이 있다.

## 중개실적이 많은 중개인을 찾아라

부동산 중개도 전문화되고 있어, 매수에 특화된 중개인도 있고 반대로 매도에 특화된 중개인도 있다. 여기서는 매도측 중개인에 초점을 맞췄다. 가장 빨리, 가장 높은 가격으로 팔아줄 수 있는 중개인을 어떻게 찾아야 할까? 중개 보수는 집값의 6%에 달하는 만큼, 제대로 된 중개인을 찾는 것은 무척 중요하다.

우선 중개실적이 많은 중개인을 찾아야 한다. 과거의 실적은 앞으로 중개인이 보여줄 수 있는 성과를 예측할 수 있는 지표가 된다. 모든 중개인의 실적이 제각각이다. 매년 많은 거래를 성사시키는 중개인도 있고, 일 년에 한두 건의 거래만 성사시키는 중개인도 있다. 잘 알려지지 않았지만, 분명히 많은 거래를 성사시키는 '슈퍼셀러'가 존재한다.

미국은 경제적 불평등에 있어서 극소수가 대부분의 부를 차지하고 있다고 비판받는다. 실제 1%의 미국인이 미국 전체 자산의 40%를 소유하고 있다. 부동산 중개인도 마찬가지다. 상위 1%의 중개인이 미국 전체 주택의 8.7%를 판매한 것으로 나타났다. 상위 10%의 중개인은 전체 주택의 41%를 판매했다. (가격과 상관없이 주택 수를 기준했다.)

이 비율대로라면, 상위 1%의 중개인은 매년 22채, 상위 10%의 중개인은 매년 7채의 주택을 판매한 것이다. 전체 중개인의 평균 실적이 매년 2채라는 점과 비교하면 분명한 차이가 있다고 할 수 있다.

## 슈퍼셀러라고 무조건 좋을까

이런 슈퍼셀러를 어떻게 찾을 수 있을까? 일단, 경험이 많은 중개인을 찾는 것에서부터 시작해야 한다. 경험이 많을수록 실적이 많을 가능성도 높기 때문이다. 데이터에 따르면, 경력 10년 이상인 중개인은 5년 미만의 중개인보다 두 배 많은 중개실적을 갖고 있으며, 경력이 5~10년인 중개인들도 신규 중개인 대비 실적이 1.5배 많았다. 경력 5년 미만의 중개인이 매년 2채의 집을 판다면, 경력 5~10년은 3채, 경력 10년 이상은 4채를 팔고 있다는 것이다.

물론 단지 중개실적이 많다고 해서 반드시 여러분의 집을 팔기에도 적합한 사람이 아닐 수도 있다. 가장 빨리, 가장 높은 가격에 팔고 싶다면 몇 가지를 더 살펴봐야 한다.

첫째, 업무경력은 양날의 검이 될 수 있다. 업무경력이 많은 중개인은 그만큼 고객도 많다. 즉, 관리해야 할 매물도 많고, 연락해야 할 사람도 많으며, 그만큼 일정이 촉박하다. 이런 중개인이라면 새로운 고객에게 충분한 시간을 할애하거나 주의를 기울이기 어렵다. 고객 응대가 신속하지 못할 수 있다. 실제로 경력 10년 이상의 중개인은 5년 미만의 중개인보다 거래를 성사시키는 데 일주일이 더 걸렸고, 경력 30년 이상의 중개인은 2주가 더 걸렸다. 게다가, 경험이 많은 중개인은 차분하게 매수인을 기다리지 않았는데, 30년 경력의 베테랑 중개인이 판매한 주택가격과 3년 차 신인이 판매한 가격에는 통계적으로 유의미한 차이가 없었다.

본능적으로 경험이 많은 중개인을 찾는 것이 이치에 맞다. 그들의 오랜 경력과 노련함은 여러분의 걱정을 잠시 덜어줄 수 있다. 그들은 여러 판매 채널을 알고 있고, 여러분이 알지 못했던 조언을 해줄 수도 있다. 하지만, 높은 가격으로 집을 파는 것이 중요하다면, 중개인의 경력은 그리 중요하지 않다. 경험이 지혜를 가져다 줄 수는 있지만, 돈을 벌어주는 것은 아니기 때문이다.

## 남성과 여성 중개인, 어느 쪽이 더 나을까

최고의 중개인을 찾으려면 경력 외에도 더 확인할 사항이 있다. 중개에는 중개인의 개인적인 특징도 영향을 미칠 수 있는데, 여기에는 성별도 포함된다. 물론 중개인을 선택할 때 성별을 반드시 고려해야 하는 것은 아니겠지만, 성별에 따라 어떤 차이가 있었는지 살펴볼 필요는 있다. 남성과 여성 중 어떤 중개인의 실적이 더 좋았을까?

여기 두 명의 중개인 Jack과 Jill이 있다. 두 사람 모두 넓은 침실, 화강암 조리대, 넓은 뒷마당이 있는 동일한 주택의 판매를 맡았고, 주택의 시세는 $300,000이다. Jack과 Jill 모두 주택 판매에 성공하겠지만, 두 사람의 업무방식에는 차이가 있었다.

Jill은 처음 집을 살펴보고 꽤 좋은 느낌을 받았다. 그녀는 최초 매물 가격을 높게 책정했을 때 어떤 위험이 있는지 간과한 나머지, $320,700에 집을 내놓았다. 몇 주 동안 Jill은 여러 매수인들을 만나며 이 집과 지역이 가진 장점을 최대한 어필했다. 매물을 내놓고 3개월이 지났을 때 Jill은 이 집을 $290,550에 팔 수 있었다. 반면, Jack은 매물가격을 조금 더 낮은 $318,300로 책정했다. 그는 온라인 광고와 오픈 하우스를 통해 매물을 홍보했고, 역시 3개월 후에 $289,650에 판매했다.

어떤 중개인이 더 나아 보이는가? 어디까지나 여러분들의 기준에 달려 있다. Jill은 Jack보다 높은 가격에 거래를 성사시켰지만, 최초 매물가격 대비 할인폭이 더 컸다. Jack은 최초 매물가격을 책정하는 데 있어 더 신중했지만, 결과적으로는 Jill보다 낮은 가격으로 판매했다.

우리는 부동산 중개에서 이런 경향을 쉽게 볼 수 있다. 실제 여성 중개인이 남성에 비해 가격 할인이 더 많았고, 남성 중개인은 시세 대비 실제 성사시킨 거래가격이 여성 대비 0.4%p 낮았다. 만약 시세가 $300,000였다면 약 $1,200 약 150만 원 정도이다. 남성 중개인은 매물가격 책정에는 인색했지만 가격을 고수하려는 경향이 있었고, 반대로 여성 중개인은 매물가격 책정은 낙관적이지만 거래를 성사시키기 위해 가격을 할인하는 경우가 많았다. 이런 경우에 남성 중개인이 더 잘했다고 보기는 어렵다. 결과적으로는 여성 중개인이 더 높은 가격으로 거래를 성사시켰기 때문이다. 또 여성 중개인은 매물에 집중하는 시간이 길었고, 남성 중개인 대비 2%(약 2.5일) 빨리 거래를 성사시킨 것으로 나타났다. 여성 중개인이 더 빨리 거래를 성사시킨다는 점은 분명한 장점이다. 하지만, 판매량에 있어서는 남성 중개인이 여성 중개인보다 4% 많았다.
성별에 따른 업무실적의 차이가 크지는 않았지만, 통계적으로는 유의미했다. 다른 특성이 동일하다면, 여성 중개인이 더 빨리, 더 높은 가격으로 집을 팔고 있는 것이다.

## 그래도 잘 모르겠다면 후기를 확인하라

온라인 후기를 얼마나 신뢰할 수 있는지 의심이 될 수 있다. 물론, 몇몇 참여자의 후기가 중개 의뢰인 전체를 대변할 수는 없다. 하지만,

그들도 중개인에게 적지 않은 보수를 지불한 만큼, 후기는 개인적인 의견이 아니라 어느 정도 유용한 정보를 반영하고 있다고 생각하자.

지난 몇 년 동안 Zillow의 이용자들은 부동산 중개인에 대해 600,000 건 이상의 후기를 작성했다. 서술식 후기도 있지만, 중개인의 적극성, 경험, 참여도, 협상력에 대해 각각 1~5점의 평점을 부여했다. 이 데이터를 중개인의 실제 중개실적과 비교해보니, 평점과 실적의 상관관계가 매우 높은 것으로 나타났다. 예를 들어, 적극성에서 5점 만점을 받은 중개인은 1점을 받은 중개인보다 평균 27%(약 5.5주) 더 빨리 거래를 성사시킨 것으로 나타났다.

경험도 마찬가지다. 지역시장에 대한 경험에서 5점 만점을 받은 중개인은 1점을 받은 중개인보다 57% 더 많은 거래를 성사시켰고, 이 비율이면 매년 약 4채의 집을 더 팔 수 있다. 참여도 역시 중요한 지표였다. 참여도는 중개인이 온라인 채널에서 이용자들의 질문에 답변한 횟수를 기준했는데, 이에 적극적으로 참여하는 중개인이 그렇지 않은 중개인 대비 평균 33% 이상 더 많은 주택을 팔았다.

중개인의 네트워킹이 활발할수록 더 좋다. 중개인은 고객이 주택을 구입하는 과정에서 대출, 등기 등 다양한 서비스를 연결한다. 더 많은 네트워크를 가진 중개인이 더 성공적일 수밖에 없다. 더 많이 노력하는 중개인이 성공할 수 있다는 점은 놀라운 사실이 아니다. 누가 그런 중개인인지 미리 알 필요는 없다. 마우스 클릭 몇 번으로도 어떤 중개인이 정말 관심을 갖고 거래를 위해 매진할지 알 수 있다. 고객들의 후기는 좋은 중개인을 찾기 위한 중요한 수단이다.

# 18. 부동산 가격으로 살펴보는 사회 변화

미국의 역사는 언제나 부동산의 역사였다. 각 세대의 사회적 조건은 가정과 떼려야 뗄 수 없는 관계였다. 17~18세기, 미국 이민자들은 주거와 종교의 자유를 찾아 바다를 건넜다. 1820~1870년대 사이에 수백만 명의 아일랜드계, 독일계 이민자들이 미국으로 이주했고, 1880~1920년대 사이에는 수백만 명의 유대인과 이탈리아계 이민자들이 이주했다. 인종과 출신은 달랐지만, 그들 모두 경제적 기회와 안식할 수 있는 집을 찾아 미국에 왔다.

시골에서 도시로, 농장에서 공장으로 향한 미국 내 북미 이주도 마찬가지였다. 600만 명이 넘는 아프리카계 미국인들이 20세기의 대이주 기간 동안 시골 남부를 떠나 북부 도시로 이주했다. 그들은 노예 제도, 인종 차별주의에서 탈출했고, 급성장하는 도시의 활기찬 공동체를 찾아 이주했다.

미국의 역사는 한마디로 인구 대이동의 역사였고, 사람들은 변화를 멈추지 않았다. 그래서, 부동산 데이터는 미국이 변화하고 있는 방식을 보여주고 있으며, 지난 수십 년 동안, 레즈비언, 게이, 양성애자, 트랜스젠더와 같은 성소수자들의 권리가 어떻게 확보되어 왔는지 중요한 사실을 전해주고 있다.

우리는 수년 동안 전국의 성소수자 공동체가 젠트리피케이션을 주도하고, 지역의 자산가치를 높여왔다는 것을 알게 되었다. 최근 학계의 연구에서 이를 뒷받침하는 경험적 사례가 제시되었다. 한국 건국대학교의 David Christafore와 New Orleans Tulane대학교의 Susane Leguizamon은 2000년대 초 Ohio주 Columbus와 인근 주택가격을 조사하면서, 동성 간의 결혼을 인정하는 지역과 반대하는 지역을 비교했다. 그들은 동성애를 인정하는 지역에서 동성 커플이 늘어날 때마다 부동산 가격이 1.1% 상승했고, 반대로 반대하는 지역에서는 부동산 가격이 1% 하락했다는 사실을 밝혀냈다.

부동산 데이터에도 전국 여러 지역의 성소수자 공동체에 대한 긍정적, 부정적 인식이 직접 반영되어 있었고, 우리는 평등을 향한 성소수자들의 지속적인 노력을 엿볼 수 있었다. 과거 주택가격 데이터를 광범위하게 살펴보면, 성소수자 인권 운동의 궤적을 더 자세히 알 수 있다. 미국 인구조사국의 과거 주택가격 데이터를 살펴보면, 지난 40년 동안 성소수자 밀집 지역의 주택가격은 대도시의 평균 주택가격을 언제나 상회했기 때문이다.

1970~80년대 San Francisco의 Castro와 New York의 Greenwich Village 같은 일부 성소수자 밀집 지역의 집값은 다른 지역보다 훨씬 낮았다. Castro의 집값은 평균 대비 8.1% 낮았고, Greenwich Village 역시 5.4% 낮았다. 동성애 혐오가 만연했던 이 시기에, 이 지역들은 성소수자들을 위한 저렴하고 안전한 커뮤니티였다.

그러다 시간이 지나면서 두 가지 변화가 시작됐다. 우선, 지역이 고급화되었다. Clemson대학교의 Mickey Lauria와 Minnesota대학교의

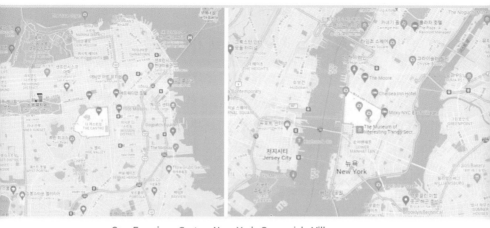

San Francisco Castro, New York Greenwich Village

Lawrence Knopp가 발견했듯이, 새로운 변화가 시작된 것이다. 소득이 낮았던 성소수자들은 월세가 싸면서 동성애 혐오가 덜했던 도심 지역으로 이사했는데, 지역에 남아 있던 성소수자들은 사람들이 떠난 주택을 매입하기 시작했다.

두 번째 변화는 사회 전체적으로 성소수자들의 권리와 문화를 받아들이고 있었다는 것이다. 다양한 성적 취향을 가진 미국인들도 전통적인 성소수자 지역에서 문화시설, 편의시설, 식당, 그 외의 다양한 사업을 시도했다. 그 결과, 2000년까지 Castro의 집값은 San Francisco 평균보다 거의 40% 높아졌고, Greenwich Village 역시 New York시 평균보다 27% 이상 높았다. 물론 모든 지역에서 이런 추세가 나타난 것은 아니었고, 일부 지역에서는 성소수자 밀집 지역의 집값이 도시 평균보다 낮은 경우도 있었다. 하지만 확실한 것은, 전국의 여러 성소수자 공동체가 더 이상 소외되거나 평가절하되지는 않았다는 것이다.

Chicago Andersonville은 최근 수십 년 동안 미국 전역의 성소수자 공동체에서 발생한 광범위한 변화를 가장 명확하게 보여주는 곳이다.

# 성소수자 밀집 지역의 주택가격 상승

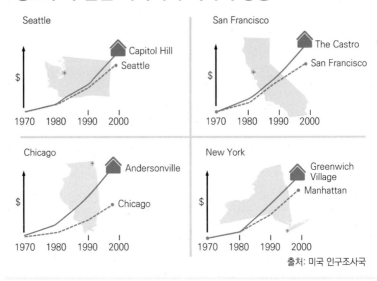

출처: 미국 인구조사국

Andersonville은 Chicago 북쪽 Edgewater의 주거지역인데, 1970년대 까지만 해도 이 지역의 집값은 동성애 혐오로 인해 굉장히 낮은 수준 이었다. 그러자 많은 성소수자들이 싼 임대료를 찾아 이 지역으로 이 주했고, 시간이 지나면서 소수의 게이, 레즈비언뿐만 아니라 더 큰 시 민문화와 뒤섞이게 되었다. 지금은 소득이 높은 사람들까지 이주하면 서 집값이 올라, Chicago에서 가장 인기 있는 지역이 되었다. 이제는 집값이 너무 올라 기존 주민들은 더 이상 그곳에 살 수 없게 되었다.

이런 패턴은 전국적으로 나타난다. 여러분들이 집을 구하고 있다면, 최근 주목받는 성소수자 밀집 지역 중에서도 특히 Starbucks와 가까운 위치를 고려해 볼 수 있다. 이런 지역은 New York, Chicago, San Francisco 외에도 많이 있다. Albuquerque, El Paso, Fort Worth, Louisville, Virginia Beach 등 많은 지역 분위기뿐만 아니라, 투자가치

측면에서도 장점이 있다.

다른 관점에서 생각해 볼 수도 있다. 거대 양당의 여러 정치인들이 동성 결혼을 금지하는 개헌을 요구하고, 대다수의 미국인들이 동성애자 인권에 반대했던 것이 불과 몇 년 전 상황이다. Pew Research Center에 따르면, 2001년까지 미국인의 57%가 동성 간 결혼을 반대했지만, 2014년에는 39%만이 반대하고 54%가 인정하고 있다. 저명한 공화당원들과 Obama 대통령까지 동성애자의 권리를 지지하고 있으며, 영화배우 Brad Pitt와 Angelina Jolie부터 음악차트 1위에 오른 유명 래퍼 Macklemore에 이르기까지 모든 연예인들이 성소수자의 권리를 강하게 지지하고 있다.

이런 변화가 상당히 놀랍게 느껴질 수도 있겠지만, 적어도 부동산 데이터는 최근 수십 년 동안 성소수자 공동체가 다른 문화나 인종과 마찬가지로 미국 주류사회에 통합되어 왔으며, 사람들도 이를 환영하고 있다는 것을 보여주고 있다. 적어도 주택가격만큼은 성소수자 권리에 대한 미국의 진보가 이미 반영되어 있는 셈이다. 미국의 여러 도시에서 나타나는 성소수자들의 이주, 투자, 지역화는 어쩌면 미국의 사회 변화를 알려주는 중요한 전조일 수도 있다는 것이다.

1960년대 후반부터 사회학자들은 과거의 부동산 소유 및 거래현황을 분석해 미국 사회의 변화를 밝혀내려는 시도를 하고 있다. 이제 우리는 실시간으로 이러한 변화를 분석할 수 있다. 사회 변화가 부동산 가격에도 큰 영향을 미친다는 사실은 누구나 알고 있다. 반대로 말하자면, 부동산 가격의 변화가 곧 사회 변화의 전조이다. 미래를 예측하고 싶다면, 부동산 데이터를 잘 지켜봐야 하는 것이다.

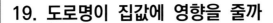
# 19. 도로명이 집값에 영향을 줄까

1930년대 Virginia주 Arlington은 살기 어려운 곳이었다. 만약 Lincoln Avenue에서 친구를 만나기로 했다면, 약속장소의 반대편으로 가게 될 수도 있었다. Arlington에는 두 곳의 Lincoln Avenue가 있는데, 하나는 도시 북쪽에, 다른 하나는 남쪽에 있었기 때문이다. 이것 말고도 거리 이름이 중복되는 경우는 더 많았고, 더 심각한 경우도 많았다. Virginia주에는 'Arlington'이 붙은 거리 이름만 25개가 넘었다. 그 외에 Washington, Lee, Virginia라는 이름도 많이 사용되었다. Arlington시 내에서 여러 거리 이름이 중복되다 보니 지역 주민들의 불편도 이만저만 아니었다.

Virginia주 Arlington

이런 현상은 과거 30년 동안 Arlington의 인구가 3배 이상 증가하면서 발생했다. Arlington의 인구가 1900년 6,430명에서 1930년 23,278명으로 증가하자, 도시 전체적으로 주택 개발이 시작되었다. 당시에는 도로명을 지정하는 별도의 계획이나 원칙이 없었기 때문에, 주택 건설 회사들이 마음대로 지어 붙였다. 1932년이 되자 더 이상 방치하기 어려운 지경에 이르렀는데, 우편 배달은 물론이고 심지어 소방차가 사고 현장을 찾기도 어려웠다. 목적지를 찾을 수 없는 외지인들도 난감하긴 마찬가지였다.

마침내 미국 우정청이 Arlington에서 도로명을 정비할 때까지 우체국 지점을 세워줄 수 없다고 하자 상황이 정리되었다. 그제서야 Arlington은 별도의 위원회를 만들어 Arlington 내의 도로명을 정비했는데, 명칭이 길고 어려워 도시 전체가 새로운 도로명을 익히기 위해 노력해야 했다.

물론, Arlington은 독특한 사례이다. Arlington처럼 도로명을 행정기관이 직접, 일괄적으로 재지정하는 경우는 매우 드물다. 미국 도로명의 상당수는 부동산 개발회사나 도시계획가가 결정하며, 일관성을 기대하기는 어렵다.

그렇지만 여기에 정말 흥미로운 점이 있다. 별도의 계획이 없었기 때문에, 도로명에는 지역에 대한 여러 정보가 담겨 있다. 모래층에 묻힌 화석처럼, 도로명에는 해당 지역의 특징이 담겨있다.

예를 들어 도로명에 'Lake'가 붙어 있다면, 아마 그 지역은 미국의 평균 주택가격보다 70% 정도 더 비쌀 것이다. 만약 'Cedar Court'가 붙어 있다면, 아마도 1980년경에 조성되었고 블록 내 주택이 8채는 더 있을 것이라고 예상해 볼 수 있다는 것이다.

도로명이 집값에 미치는 영향은 간단하게 세 가지로 요약할 수 있었다. 첫째, 문자가 숫자보다 낫다. 둘째, 'Lake Street'가 'Main Street'보다 낫다. 마지막으로, 접미사가 중요하다.

## 문자가 숫자보다 낫다

하나씩 살펴보자. 두 채의 집이 있다고 하자. Dave의 집은 10th Street에 있고 Wendy의 집은 Elm Street에 있다. 이 정보만 가지고도 우리는 Wendy의 집이 Dave의 집보다 비싸다고 예상할 수 있다. 문자로 지어진 도로의 주택이 숫자로 된 도로의 주택보다 더 비싼 경향이 있기 때문이다. 전국적으로는 2% 더 비쌌다. 일부 도시에서는 이런 격차가 전국 평균보다 훨씬 높은 경우도 있었다. Los Angeles, Philadelphia, Riverside, San Francisco에서는 20% 이상 차이가 나기도 하고, Dallas

🔁 숫자 도로명과 문자 도로명 지역의 주택가격 격차율

# 문자 도로명 프리미엄

Fort Worth에서도 4% 이상 차이가 있었다.

앞의 차트에서 전국 각 대도시의 유명한 거리가 가진 프리미엄을 확인할 수 있다. 전국에서 문자로 된 도로명이 유리하지 않은 곳은 Atlanta, New York, Denver 세 곳밖에 없다. 유일하게 Denver만 숫자로 지어진 도로명의 가치가 더 높았는데, 아마도 해당 지역의 고가주택이 숫자로 된 도로에 위치하기 때문일 것이다. 보통 동서로 이어진 도로에는 숫자를 붙이고, 남북으로 이어진 도로에는 문자를 붙인다. Hilltop, Cherry Creek 같은 Denver 외곽지역에서도 같은 현상이 나타난다.

물론 이 분석에는 단독주택의 가치만 반영되어 있다. 데이터 샘플 중 숫자로 된 도로에 위치한 단독주택은 11%에 불과했다. 나머지 89%가 모두 문자로 된 도로에 있었다. 도로명에 숫자보다 문자가 훨씬 많다는 점을 보면, 분명히 다른 이유도 있을 것이다. 그리고 이제 그 질문에 대답할 수 있게 되었다. 도로명에는 어떤 비밀이 있는 걸까?

## 보통명사보다 고유명사가 낫다

새로운 도시에서 같은 도로명을 본 적이 있는가? 아마 없었을 것이다. 데이터를 확인해보니 미국에서 가장 흔한 도로명은 'Main Street'였다. 그 다음으로 대통령 이름, 나무 이름, 강 이름 순서였다. 15위까지의 순위는 다음과 같다.

'Main Street'라는 도로명은 다른 명칭 대비 두 배나 많았지만, 그렇다고 집값까지 두 배인 것은 아니었다. 오히려 그 반대로, Main street

# 가장 많이 쓰이는 도로명

| | | |
|---|---|---|
| 1. MAIN | 6. WALNUT | 11. HIGHLAND |
| 2. PARK | 7. LINCOLN | 12. LAKE |
| 3. WASHINGTON | 8. ELM | 13. JEFFERSON |
| 4. MAPLE | 9. PINE | 14. SUNSET |
| 5. OAK | 10. CEDAR | 15. RIVER |

# 도로명별 평균 주택가격

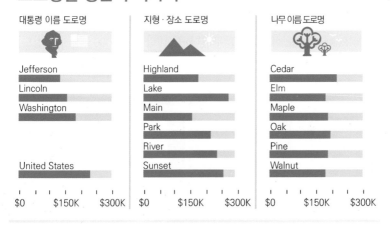

대통령 이름 도로명

Jefferson
Lincoln
Washington

United States

$0    $150K    $300K

지형·장소 도로명

Highland
Lake
Main
Park
River
Sunset

$0    $150K    $300K

나무 이름 도로명

Cedar
Elm
Maple
Oak
Pine
Walnut

$0    $150K    $300K

의 집값은 평균 대비 34% 낮았다. 오히려 'Lake'나 'Sunset'과 같이 독특한 도로명의 집값이 훨씬 높았다. Lake가 붙은 도로명의 집값은 평균 주택가격 대비 16% 높았고, Sunset은 10% 높았다.

그렇다고 관청에 달려가 도로명을 바꿔달라고 민원을 넣을 필요는 없다. 도로명과 집값은 상관관계가 있을 뿐 인과관계가 없기 때문이다. 'Lake' 도로에 있는 집이 단순히 도로명 때문에 가치가 생기는 것이 아니라, 명칭에 담긴 구체적인 정보, 즉 집 근처에 호수가 있다는 사실이 가치에 영향을 미치는 것이다.

일반적으로 집값이 비쌌던 도로명에는 지역에 대한 구체적인 정보가 담겨 있었다. Lake라면 근처에 호수가 있다는 것이고, Sunset이라면 멋진 일몰을 상상할 수 있다. Lake street가 언제나 Main street보다 비쌀 수밖에 없는 이유이다.

이런 규칙에도 한 가지 예외가 있는데, 바로 유명인의 이름을 딴 도로명이다. 나는 Bruce Springsteen과 Beatles를 즐겨 듣는데, 이 가수들은 미국의 음악, 문화, 그리고 우리 집값에도 많은 영향을 미쳤다. 만약 'Penny Lane'에서 집을 구한다면, 대략 $245,000 약 2.9억 원 정도는

Bruce Springsteen과 Beatles

필요하다고 예상해 볼 수 있다. 이 정도면 2013년 주택가격보다 53% 나 비싸다. 'Thunder Road'에 있는 집도 $234,000로 평균 대비 46% 비싸다. 돈을 내고 음악을 듣는 사람은 없다더니, 주택시장에서는 적용 되지 않는 것 같다.

물론, 지역에 따라 결과는 조금씩 다르다. Milwaukee와 Boston에서 는 'Thunder Road'에 있는 집이 'Penny Lane'에 있는 집보다 두 배 이상 비쌌다. 반면, California주 Sacramento와 Riverside에서는 정반대 의 결과가 나오기도 했다.

지금까지 얘기한 격차는 전국 평균을 반영할 뿐이다. 다음에 나오는 차트에서 볼 수 있는 것처럼, 도로명의 가치는 지역에 따라 차이가 크 기 때문이다.

전국적으로 나타나는 한 가지 공통점은 흔한 명칭일수록 가치가 낮 다는 것이다. 가치가 높은 도로명은 보통 해당 지역을 상징하는 고유 한 특징을 담고 있기 때문이다. 예를 들어, Miami와 Boston에서는 'Sea'가 붙은 도로가 가장 비싸다. 그 집들은 실제로 바다 근처에 있기 때문이다. 반대로 Detroit와 같은 도시에서는 'Ocean'이 좋은 명칭이 될 수는 없으며, 오히려 St. Clair 호수를 상상할 수 있는 'Lakeshore'를 붙이는 것이 좋다. 'Hickory(히코리나무)'라는 도로명이 St. Louis에 있는 이유, Vine(포도나무)이라는 도로명이 Denver에 있는 이유를 설명할 방 법은 없지만, 'Country Club'이 Philadelphia에서 가장 살기 좋은 거리 인 이유는 쉽게 추측할 수 있다. 가장 가치 있는 도로명은 지역에 따라 달랐지만, 적어도 그 명칭에는 사람들이 그 거리를 선호하는 이유가 담겨있다.

# 각 주별 고가주택 지역의 도로명

| | | | |
|---|---|---|---|
| Lake | Ridgewood | Riverside | Ocean |
| United States | Atlanta | Baltimore | Boston |

| | | | | |
|---|---|---|---|---|
| Sheridan | Stanford | Vine | Lakeshore | Shore |
| Chicago | Dallas-Fort Worth | Denver | Detroit | Minneapolis |

Hillcrest
San Francisco

Dune
New York

Gulf
Tampa

Ocean
Miami

Sunset
Los Angeles

Fairway

Country Club
Philadelphia

Highland
Riverside
San Diego

| | | | |
|---|---|---|---|
| Lincoln | Mercer | Hickory | Harrison |
| Phoenix | Seattle | St. Louis | Washington, DC |

## 도로명을 어떻게 지어야 할까

도로명은 지역과 도로의 명칭으로 구성된다. 도로의 명칭은 street, boulevard, drive와 같이 표현되는데, 우리는 street에 있는 집들이 종종 court에 있는 집들과 상당히 다르다는 사실을 알 수 있었다. 전국적으로 도로의 명칭은 거의 비슷했는데, 'Street'와 'drive'가 가장 일반적이었고 'places'와 'boulevards'가 가장 적었다.

☞ 도로의 명칭

## 도로 명칭에 따른 지역특성의 차이

| 도로 명칭 | 지역 내 주택비율 | 평균 주택가격 | 평균 준공연도 | 지역 내 주택 수 |
|---|---|---|---|---|
| Avenue | 16% | $233,350 | 1956 | 15 |
| Boulevard | 1% | $271,980 | 1968 | 28 |
| Circle | 4% | $252,510 | 1986 | 13 |
| Court | 9% | $278,060 | 1988 | 9 |
| Drive | 23% | $245,450 | 1980 | 18 |
| Lane | 8% | $270,500 | 1983 | 9 |
| Place | 4% | $306,780 | 1976 | 13 |
| Road | 11% | $240,870 | 1970 | 13 |
| Street | 17% | $183,120 | 1955 | 18 |
| Way | 4% | $312,500 | 1986 | 14 |

도로의 명칭으로 어떤 단어를 사용할지는 전적으로 건설회사에 달려 있지만, 거기에는 생각보다 많은 정보가 담겨 있다. 'trails', 'loops', 'coves' 같은 단어는 극히 드물었다. 아이 이름에 유행이 있는 것처럼, 도로의 명칭에도 유행이 있었다. 1950년대에는 'street'와 'avenue'가 대세였고, 1980년대 후반에는 'way', 'circle', 'court'를 더 많이 사용했다.

도로의 명칭만으로 그 거리에 주택이 얼마나 많은지도 짐작해 볼 수 있다. 'boulevards'와 'avenues'에 주택이 가장 많고, 'courts'와 'lanes'에는 주택이 적었다. 더 중요한 것은 도로의 명칭에 따라 집값도 달랐다는 것인데, 이번에도 마찬가지로 일반적인 명칭일수록 집값이 낮았다. 가장 많이 사용되는 'drive', 'street', 'avenue', 'road'에서는 집값이 낮았고, 가장 희소했던 'way'와 'place'에서 집값이 비쌌다.

세부 지역에서는 도로의 명칭과 주택가격의 관계가 더 복잡했다. Phoenix 같은 일부 대도시에서는 전국적인 패턴과 상당히 유사했지만, 그렇지 않은 도시들도 있었다. 지역마다 패턴은 다르지만, 한 가지는 일치했다. 'street'의 집값은 대부분 낮았다는 것이다. 상위 20개 대도시 중 15개 도시에서 같은 현상이 나타났다. 예를 들어 'street'는 Detroit에서 가장 일반적인 도로 명칭이지만, 그 거리의 집값은 가장 낮았다.

물론 이 규칙에도 예외는 있다. 대표적으로 Washington DC에서는 'street'가 붙은 도로의 집값이 가장 비싼 것으로 나타났다. 아마도 Washington 내 정관계 인사들이 많이 살고 있는 고급주택가 Georgetown 거리가 대부분 'street'를 사용하기 때문일 것이다. 아무튼, 새로 도로명을 지어야 한다면 street와 road 대신, way, place, court를 붙이자.

## 도로명은 이렇게 만들어진다

도로명에는 특별한 계획이나 규칙이 없는 것 같아 보인다. 새로운 도시를 여행하면 더욱 그렇게 느껴진다. 하지만, 언제나 나름의 이유가 있는 법이다. 그래서 우리는 부동산 개발회사들이 새로운 지역을 개발할 때, 어떤 과정을 통해 도로명을 정하는지 물어보았다.

먼저 이름을 지정할 지역범위를 설정한 후 테마를 선정한다. 그리고 테마에 맞는 여러 가지 명칭으로 목록을 만든다. 우리가 물어본 개발회사는 직원들을 대상으로 도로명에 대한 콘테스트를 개최하는 경우도 있다고 하며, 콘테스트에서 선정된 명칭이 도로명으로 결정되면 포상을 받을 수 있다. 이렇게 만들어진 목록을 관청에 제출해 중복, 유사 여부를 확인하고, 승인을 받으면 최종적으로 도로명이 결정된다고 한다.

# 20. 뉴욕 주택시장은 무엇이 다를까

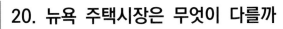

New York, New York.

어떤 사람들은 New York을 '한마디 말로는 설명할 수 없는 최고의 도시'라고 말한다. 나는 이런 얘기가 New York 부동산 시장이 너무 특이하고 그만의 법칙이 있다는 것처럼 들린다. 나는 Manhattan에서 자랐고 어머니도 부동산 중개인이었기 때문에, 어려서부터 New York

Empire State 빌딩이 좋았다. 나는 New York 부동산 시장이 얼마나 특이한지 너무 잘 알고 있는데, 단순히 비싸기 때문만은 아니다.

New York시의 역사적 배경이 워낙 특이하기 때문에, New York 부동산 시장 역시 미국의 다른 지역과 차이가 있다는 점은 그리 놀랍지 않다. 일단, 젠트리피케이션이 New York에서 시작되었다는 점을 상기해보자. 어떤 데이터를 살펴보더라도, New York은 우리가 이해하고 있는 부동산 시장의 규칙과는 다른 방식으로 움직이고 있다.

New York은 기본적으로 지형부터 다르다. New York의 5개 자치구

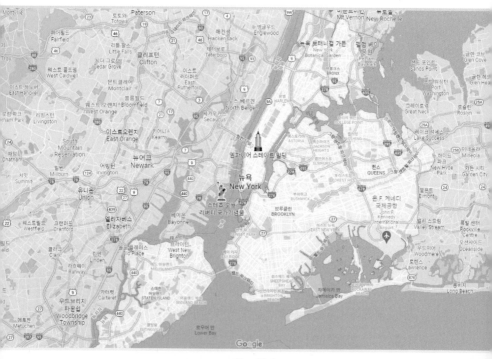

New York

의 면적은 480㎢로, ㎢당 17,000여 명의 사람들이 살고 있다. 가장 인구밀도가 높은 자치구는 Manhattan으로 ㎢당 43,000여 명이 살고 있다. 미국의 평균 인구밀도는 ㎢당 54명이니, 미국 평균보다 거의 800배 높은 셈이다.

New York의 주택 역시 기본적으로 수요공급의 원칙을 따른다. 공급이 제한되어 있으니 단위당 수요가 높고 가격이 오를 수밖에 없다. 역사적으로 미국의 주택가격은 미국인 평균 소득의 약 2.5배였고, 주택 소유자는 소득의 1/5을 담보대출 원리금으로 지출해왔다. 그러나 New York의 주택가격은 연간 소득의 4배를 넘고, 담보대출 원리금 지출도 연간 소득의 1/3을 차지한다. 이는 정부에서 규정하고 있는 '국민주택'의 정의를 한참 벗어난 수준이다.

◢ Manhattan의 주택가격 수준

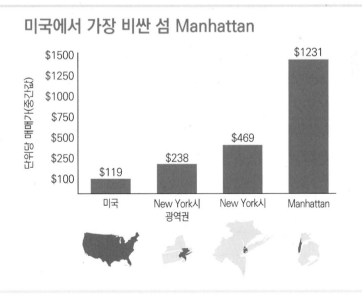

미국에서 가장 비싼 섬 Manhattan

New York에서 면적은 가장 작고 밀도는 가장 높은 Manhattan의 주택가격은 미국 평균의 10배가 넘고, New York시 전체의 주택가격도 4배 이상이다. Long Island, Bridgeport, Connecticut까지 포함해 New York 광역권까지 넓혀도 여전히 주택가격은 미국 평균의 2배를 웃돈다.

이렇게 New York의 주택가격은 비쌀 뿐만 아니라, 지역 간 격차도 심하다. New York은 5개 자치구는 59개의 지구, 수백 개의 작은 지역으로 구성되어 있는데, 각 지역의 주택가격이 서로 연결되어 있을 뿐만 아니라, 단 몇 블록 사이에서도 극적으로 달라진다.

예를 들어, 2013년에 East Village의 똑같은 아파트 2채가 Zillow에 등록되었다. 둘 다 침실 2개, 욕실 1개로 구성되어 있고, 전용면적은 1,000ft$^2$약 90평가 넘었다. New York에서는 아주 넓은 면적의 아파트이다. 둘 다 공원에서 아주 가까웠고, 걸어서 3분 거리에 있었다. 그런데 매도호가는 $200,000 약 2.3억 원 이상 차이가 났다. 이런 현상은 New York에서 아주 일반적이다.

New York은 자가점유율이 굉장히 낮은데, 2008년부터 2012년까지 30% 미만이었다. Bronx에서는 20% 미만으로 떨어진다. 미국의 평균 자가점유율이 66%라는 점을 감안하면, 여전히 주택 소유가 '아메리칸 드림'의 상징이라고 생각하는 정치가들에게는 너무 부족한 수치이다. New York은 충분히 미국적인 도시이지만, 적어도 주택 문제에 있어서는 그렇지 못하다. 더 이상 주택을 공급할 공간이 없는 New York에서는 대부분의 주택이 공동주택multi-family condo 또는 co-op apartment으로, Manhattan에서 단독주택은 거의 찾아볼 수 없다. 전체 주택의 98% 이상이 다가구 형태를 가지고 있다.

Multi-family condo(@Point2 Home)와 Co-op apartment(@Street easy)

자치구까지 내려가면, Manhattan의 아주 전형적인 모습과 급격하게 변하고 있는 New York 주택시장의 모습을 목격할 수 있다. 과거 수 세기 동안 Manhattan은 해안선부터 건물 높이까지 모든 것이 바뀌었다. 1894년에 완공된 The Dakota를 비롯해, 브라운스톤은 Manhattan 최초의 고급 아파트였다. 아파트에는 전기스토브와 온수기가 설치되기 시작했고, 1930년대에는 Manhattan 사람의 90%가 이런 형태의 공동주택에 살았다. 특히 인기가 있었던 주택 형태는 19세기 후반부터 지어진 'cooperative' 주택으로, 현재 Manhattan 주택의 3/4을 차지한다. 이 주택은 New York 고유의 특수성을 반영하고 있는데, 특이한 점은 이 주택의 소유자들이 부동산을 직접 소유하는 대신 부동산을 소유하고 있는 기업의 주식을 소유하고 있다는 것이다. 이 주택에 입주하려는 사람은 독점적이고 폐쇄적으로 운영되는 협동조합위원회의 승인을 받아야 하고, 2006년에 관련법이 개정되기 전까지는 소유자의 이름이나 거래가격도 공개되지 않았다. 현재까지도 면적과 내부 구성(침실 및 욕실)에 대한 정보는 공개되지 않고 있다. 어떤 주택이든, 점점 더 많은 사람들이 Manhattan과 그 자치구에 모여들어 이제는 170만 명이 되었다.

오늘날 New York의 부동산 개발회사들은 말 그대로 '클라우드'에서 작업한다. 보통의 개발회사라면 토지 매입과 통행권 취득에 관심을 갖겠지만, Manhattan 부동산 시장의 거물들은 주택을 지을 수 있는 '공중권air right'을 취득하기 위해 경쟁한다. 이것이 바로 우리가 8 Spruce Street의 Gehry Tower를 볼 수 있는 이유이다. 이 주택의 높이는 265m로, 그전까지 가장 높았던 Trump World Tower(262m)보다 높으며, 현재 New York에서 가장 높은 주거용 건물이다. Gehry Tower에는 900세대 정도가 거주하고 있는데, 건물 내부에 초등학교와 백화점이 있다.

Gehry Tower의 방 3개짜리 주택은 월 임대료가 $11,300 약 1,300만 원 정도인데, 길이 15m의 수영장과 선베드, Brooklyn 다리가 보이는 첨단 피트니스 센터, 개인 공간이 갖춰진 스파, 요가 및 필라테스 스튜디오, 자전거 보관소까지 각종 편의시설이 갖춰져 있고, 집 내부에는 최고급 스테인리스스틸 가전제품으로 구성된 주방이 있다. Manhattan의

Gehry Tower(@Dezeen), Trump World Tower(@Mansion global)

부자들은 이 구름 위의 성에서 New York의 초고층 빌딩을 감상한다. 높이 300m가 넘는 One57 Tower, 432 Park Avenue와 같은 초고층 빌딩들은 이제 Gehry Tower를 넘어섰다.

　물론 아무나 이 아파트를 살 수는 없다. 고가의 초고층 건물들은 저소득, 중산층 주민들을 몰아냈다. 영화감독 Spike Lee는 이를 두고 '콜럼버스 신드롬'이라고 말했다.

One57 Tower(@Counsil on tall building and urban habitat), 432 Park Avenue

젠트리피케이션은 Harlem, South Bronx, Bushwick, Red Hook, Fort Green 등 미국 전역의 도시에 이주민들이 새로 정착할 수 있도록 했다. 다만, 수십 년간 그 지역에 살다가 교외로, 남쪽으로, 원주민섬으로 쫓겨난 아프리카인과 아시아인에게는 그렇지 못했다. 게다가 불법퇴거가 빈번하며, 임대료 상한제의 적용을 받는 아파트도 점점 없어지고 있다. 매년 1만 호 이상의 아파트가 임대료 상한제 적용대상에서 제외되고 있다. 집주인들은 아파트를 리모델링한 뒤 임대료를 $2,500 약 300만 원 이상 인상하는 방법으로 상한제의 적용을 피해가고 있다. 아직 임대료 상한제의 적용을 받는 얼마 안 되는 아파트들은 좁거나 위치가 좋지 않은 곳에 남아 있을 뿐이다.

새로운 도시의 엘리트들이 오랫동안 New York에 살았던 사람들을 대체하고 있다. Manhattan은 박물관, 갤러리, 공연장과 같은 문화시설, 세계적으로 유명한 레스토랑, 고급 백화점이 있는 세계 경제의 중심지로 많은 외국인들을 끌어들이고 있다. 2013년 5월에 Zillow의 교통 데이터를 분석해보니, 캐나다와 영국인들의 방문이 가장 많았다. 지금은 부유한 러시아인과 중국인들이 더 많지만 말이다.

이 과정에서 New York은 마치 금융업계처럼 되어가고 있다. 2000년 New York 근로소득의 35% 이상이 Wall Street에서 나왔다. 전 New York시장이었던 Michael Bloomberg는 Wall Street에 대한 의존도를 줄이려고 노력했지만, 《New York Times》에 따르면 이 수치는 1970년에 비해 3배나 높다. 금융산업에 종사하는 28만 명의 노동자가 Manhattan 전체 임금의 절반 이상을 가져가고 있는 것이다.

New York의 주택가격은 Manhattan과 떼려야 뗄 수 없는 관계이다.

## Manhattan의 콘도 가격

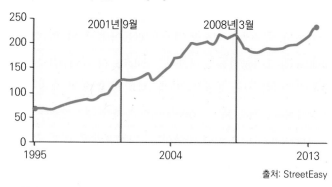

출처: StreetEasy

9·11 테러가 발생한 뒤 Manhattan 콘도 가격은 2.6% 하락했고 판매량도 떨어졌었지만, 정부가 보조금과 인센티브를 통해 부동산 가격을 회복시켰다. 2002년 7월 Manhattan 콘도 가격은 9·11 테러 이전의 최고치를 이미 넘어섰다. 2008년, Lehman Brothers의 파산으로 시작된 금융위기는 주택시장에 큰 타격을 입혔지만, 정작 금융위기를 주도했던 금융산업은 안전했다. Manhattan의 콘도 가격은 미국과 New York의 주택가격이 하락한 이후에도 2008년 3월까지 상승했는데, 이 시점은 미국중앙은행에 의한 구제금융이 시도되고, Bear Stearns가 JP Morgan에 매각된 시점과 정확히 일치한다.

Manhattan의 집값은 New York 평균의 2~5배까지 높았지만, 금융위기로 인한 하락폭은 다른 지역보다 낮았다. Manhattan의 주택가격은 2008년 3월부터 2009년 11월까지 18.2% 하락한 후 반등했다. 고급주택의 수요자인 금융업 종사자들의 보너스가 줄어들고, 협동주택위원회도 금융업 종사자들을 꺼려했지만, 외국인 수요자들이 그 틈을 메웠기 때문이다. 집값은 연일 최고가를 갱신하고, New York은 더 빠르고, 비싸게 채워지고 있다.

우리는 이 도시에서 경제적 격차가 만들어내는 거대한 협곡을 본다. Manhattan의 소득불평등은 아프리카 Sahara 사막 이남의 Swaziland와 비슷한 수준이다. Swaziland는 세계은행이 발표한 전 세계 소득불평등 20위 국가이다. 물론, New York만 이런 문제를 겪고 있는 것은 아니다. Paris, London, San Francisco에서도 주택 문제에 대한 갈등은 많다. 하지만 이런 문제가 더욱 심각해진다면, 미국 정치와 문화 전반에 영향을 미칠 수도 있다. 늘어만 가는 주거비용 때문에, 2013년 New York 시민들은 진보진영의 Bill de Blasio를 시장으로 선출했다. 많은 사람들이 New York의 부동산 시장이 미국 전체의 경향과는 전혀 다른 외딴 섬이라고 말하지만, 정치적인 변화만큼은 그렇지 않다.

앞으로의 변화를 쉽게 예측할 수는 없다. 하지만 단기적으로 이것 하나는 분명하다. New York이 여러 가지 측면에서 도시의 부흥을 보이고 있고, 혁신적인 아이디어와 최첨단 문화를 위한 인큐베이터가 되고 있다는 사실. 그리고, Manhattan은 점점 더 고립되어 사치와 불평등으로 가득 찬 "부자들의 빈민가"가 되고 있으며, 나머지 사람들은 밖으로 떠나고 있다는 사실이다.

# 21. 미국에서 집값이 가장 불안정한 도시 TOP3

Arizona주는 주택가격의 변동이 무척 심한 지역이다. Arizona뿐만 아니라 California, Florida, Nevada, Texas주 같은 미국 서부 Sand States는 햇빛이 참 좋은 지역이지만, 주택가격 변동이 가장 극심한 지역이기도 하다. Las Vegas, Phoenix, Riverside 세 도시를 빼고는 주택시장의 위기를 말할 수 없을 정도이다.

Arizona주 Phoenix

전국 모든 언론이 주택시장 위기를 보도하며 이 도시들을 언급했다. 《Market Watch》는 "주택시장 위기의 진원지, Phoenix", 《Utah Standard》는 "Las Vegas는 어떻게 주택시장 위기의 진원지가 되었나", 《Guardian》도 "주택시장의 실패, Riverside를 돌아보다"를 헤드라인으로 보도했다. Florida와 함께 Arizona, California, Nevada를 한 번에 가리키는 신조어 'Sand States'가 등장했다. 이 도시들은 모두 사막, 해변, 그리고 아주 불안정한 주택시장을 가지고 있다.

미국 서부 주택시장에는 고유한 특징이 있다. 특히, 이 세 도시의 주택시장은 최근 몇 년간의 격동 외에도 일반적인 주택시장과 많이 다르다. 주택가격을 예측하기도 어려울 뿐만 아니라, 주택시장이 회복된 이후의 변동성도 상당히 높다.

그렇다고 이 도시에 집을 사면 안 된다는 의미는 아니다. 사실 이 도시들에도 추천할 만한 매물은 많다. 하지만, 이 도시에 집을 사려면 어느 정도 배짱이 있어야 한다. 미국 서부의 주택시장은 아주 거칠기 때문이다.

## 집값이 가장 불안정한 도시 TOP3

주택시장의 변동성은 다양한 방법으로 측정할 수 있지만, 가장 좋은 방법은 분기마다 주택가격의 변화를 살펴보는 것이다. 상승, 하락과 상관없이 변동폭만 측정한다. 전국적으로 1985년부터 분기별로 주택가격의 변동성을 측정해보면, 미국에서 가장 변동성이 높은 도시는 Phoenix, Riverside, Las Vegas이다. Riverside의 주택가격은 매 분기 평균 2.9%씩 변동했으며, Las Vegas는 2.6%, Phoenix는 2.4%였다. 반대로 주택가격이 가장 안정적이었던 도시는 Pittsburgh로 변동률은 1.2%에 불과했다.

하지만, 이런 평균적인 수치로는 미국 서부 주택시장의 변동성을 표현하기 어렵다. 실제로, Phoenix에서는 한 분기에 주택가격이 15% 상승하거나 8% 하락한 경우도 있다. Riverside에서는 최고 11% 상승, 최저 10% 하락했고, Las Vegas에서도 최고 18%, 최저 13%까지 하락했다. 한 분기에 말이다. 이런 변동성에 비하면, Pittsburgh의 주택가격은 거의 변동이 없는 것처럼 느껴질 정도이다. Pittsburgh의 주택가격 상승률은 최고 4.8%에 불과했고, 미국 대도시 전체의 변동률도 거의 30년 동안 2.3% 아래로 떨어진 적이 없기 때문이다.

## 주택가격 변동성의 구체적 의미

이런 수치들이 피부로 느껴지지 않을 수 있다. 몇 개월 동안 주택가격이 3% 또는 1% 상승한다는 것이 어떤 의미일까? 그런 시장에서 집을 구한다고 상상해보자. 많은 사람들에게 집을 산다는 것은 인생의 중요한 결정이다. 하지만, 이 세 도시에 사는 사람들에게, 집을 사는 것은 일종의 도박이다. 아무리 30년 장기 담보대출로 집을 사서 계속 그 집에 산다고 하더라도, 집값이 오르고 떨어지는 것에는 관심이 있을 수밖에 없다. 그런데 미국 서부의 이 도시들에서는 그 변화가 너무 크다. 1985년부터 2013년까지 5년 단위로 주택가격을 살펴보니, Riverside의 집값이 오르거나 떨어질 확률은 동전 던지기처럼 거의 반반이었다.

주택가격이 안정적인 Pittsburgh와 비교해보자. 같은 기간 Pittsburgh에 집을 산 사람은 5년 동안 집값이 꾸준히 올랐다. 반면, Las Vegas에 집을 산 사람은 5년 뒤 집값이 18% 떨어졌고, Phoenix는 27%, Riverside는 40% 떨어졌다. 엄청난 손실이 발생한 것이다. Pittsburgh에서는 가장 상승률이 낮았던 기간에도 집값이 2% 올랐지만, Riverside와 Phoenix에서는 최악의 경우 집값이 54%, Las Vegas에서는 무려 62%까지 떨어졌다.

물론, 반대의 경우도 있다. 주택시장이 좋을 때는 변동성이 큰 시장에서 훨씬 좋은 성과를 냈다. Pittsburgh는 가장 좋았을 때도 집값이 35% 오르는 데 그쳤지만, Phoenix의 집값은 118%, Las Vegas는 126%, 심지어 Riverside의 집값은 거의 3배 수준인 184%가 올랐다.

큰 폭의 하락과 상승을 제외하면, Pittsburgh와 다른 세 도시의 평균 주택가격 상승률에 별로 차이가 없다는 점도 흥미롭다. Pittsburgh와 Phoenix는 평균 22%, Las Vegas는 24%, Riverside는 35% 상승했다.

Nevada주 Las Vegas

즉, 서부의 세 도시는 롤러코스터 같은 급등과 급락에도 불구하고, 결과적으로는 Pittsburgh와 큰 차이가 없었다는 것이다. 하지만, 장기적으로 큰 차이가 없다고 해도 이런 수준의 가격 변동은 끔찍하다. 사람들에게 장기적인 주택가격은 크게 중요하지 않기 때문이다. 하락장에서 집을 산 사람들은 감당하기 어려운 손실을 입을 것이다.

2013년 2분기 Las Vegas의 주택가격 하락은 전국 최악의 수준이다. Las Vegas 주택 소유자의 약 48%는 집값이 대출원금보다 낮고, 13% 정도는 집값이 대출원금의 절반에도 미치지 못한다. 대부분의 사람들이 집값의 80% 이상을 대출로 충당했으니, 이제 집을 팔아도 담보대출을 상환할 수 없다. 가택연금처럼, 스스로 집에 갇혀 있는 것이다.

이런 현상은 지역 주택시장을 더욱 불안정하게 만든다. 마이너스 자산의 소유자는 집을 팔 수 없으니, 이는 지역시장의 공급 감소로 이어진다. 공급 감소는 수요자 경쟁으로 이어져 가격을 급등시킨다. 변동성이 변동성을 키우는 것이다.

이제 Las Vegas 주택 소유자의 2/3가 실질적으로 마이너스 자산의 소유자라는 사실이 왜 문제인지 알 수 있을 것이다. Las Vegas 주택 소유자들이 담보대출을 상환할 수 없어 다른 지역으로 이사할 수 없다면, 이는 당사자들뿐만 아니라 지역 주택시장에도 악영향을 미친다. 이것이 미국 서부 주택시장이 당면한 문제점이다.

## 변동성의 원인은 무엇일까

　이쯤 되면 왜 이런 변동성이 발생하는지 궁금해진다. 이 질문에 대한 어렵고 복잡한 대답이 있다. 주택시장의 변동성이 고용 유연성 때문이라는 것인데, 언제든지 일자리를 구할 수 있고 잃을 수 있으니 주택 수요도 불안정하다는 것이다. 아래 차트에서 볼 수 있듯이, 세 도시의 노동시장은 미국의 다른 지역보다 훨씬 더 불안정했다. 물론, 각 지역마다 그럴만한 사정과 이유가 있다.

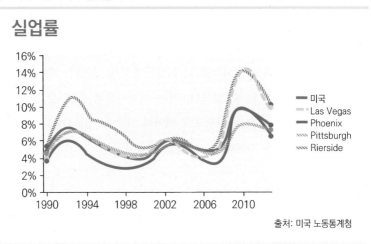

⚡ 미국 서부지역의 실업률 추이

출처: 미국 노동통계청

　Las Vegas는 경제의 대부분을 사람들의 소비성 지출에 의존하고 있다. 소비성 지출은 경기 변동성이 심하기 때문에, 고용과 주택가격에도 연쇄적인 영향을 미친다. 고용된 노동자들은 모두 살 곳이 필요한데, 경기가 좋고 일자리가 많을 때는 주택 수요가 늘어나 주택가격이 상승한다. 기본적인 수요와 공급의 법칙이다.

Riverside를 보면, 1989년 어느 시점에 가구 증가율이 평균 대비 5배까지 높았던 적도 있었다. 물론 4년도 채 지나지 않아 추세는 역전되었고, 1993년에는 평균의 2/3 수준으로 떨어진다. 전체 데이터를 분석해보면 Riverside의 가구수 변동률은 미국의 다른 지역보다 4배나 높은

📈 미국 서부지역의 분기별 가구수 변동률

## 미국 서부지역 주택시장은 얼마나 불안정한가

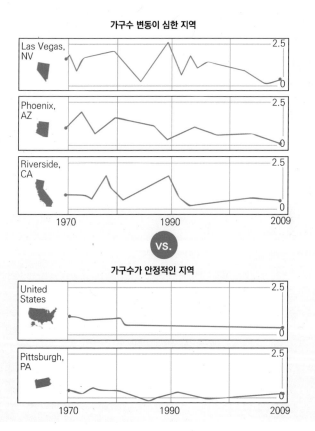

출처: 미국 인구조사국

것으로 나타난다. 수요와 공급의 역학 관계가 안정적일 수 없는 것이다.

연중 따뜻한 날씨도 영향을 미쳤다. 이 도시들은 아름답고 따뜻한 날씨에서 휴식을 원하는 은퇴자나 경제적으로 여유가 있어 별장을 구하는 사람들에게 인기가 많다. 경기가 좋고 소비가 활발할 때는 금세 시장에 활기가 돈다. 게다가 이 도시에는 직접 개발할 수 있는 나지도 많이 남아 있어서, 사람들은 기존 주택을 사는 대신 땅을 사서 직접 원하는 모양의 주택을 짓고 싶어한다. 따라서 경기가 좋을 때는 주택가격 역시 치솟게 된다.

이 모든 것은 경기가 하락하면 반대로 작용한다. 경기가 나쁘다면, 은퇴해 고정수입이 없는 사람들은 소비를 줄일 것이고, 경제적으로 여유가 있는 사람이라 해도 별장 같은 사치성 지출을 위해 대출을 받지 않을 것이다. 여기에 경기가 좋을 때 새로 지어놓은 집들까지 매물로

California주 Riverside

나온다면, 주택시장은 금세 초과공급 상태가 된다. 공급은 늘어나고 수요는 줄어들어 주택가격이 하락하는 것이다.

게다가 이런 휴양지에는 외국인 수요자들도 많은데, 이들도 마찬가지로 휴가 때 이용할 집이나 임대료를 받을 수 있는 집을 원한다. Zillow의 데이터로 주택 매수인들의 국적을 확인해보니, Phoenix에 집을 산 사람들의 42%는 캐나다인이었고, 15%는 인도, 호주, 영국인들이었다.

Riverside 역시 캐나다, 중국, 인도, 영국, 멕시코의 Zillow 사용자가 가장 많이 검색하는 지역 중 하나이다. 캐나다인은 Riverside 주택시장의 큰손이면서, 미국 전체 외국인 매수자의 28.6%를 차지한다. 그다음은 중국인으로, 2013년 5월 전체 검색량의 6%를 차지했다. Las Vegas에서도 캐나다인이 25%로 가장 많았고, 영국(6.7%)과 중국(4.8%)이 뒤를 이었다.

은퇴한 사람, 별장을 구하는 사람, 외국인, 이들은 모두 주택시장의 불안정한 수요자들이다. 이들은 경제적 상황에 따라 집을 살 수도, 팔 수도 있기 때문이다. 미국 서부의 세 도시는 많은 사람들을 불러들이지만, Pittsburgh처럼 안정적이거나 꾸준히 발전할 수 없었다. 비정규 노동자, 은퇴자, 외국인 투자자에게도 이 지역 주택시장의 생태계에 대한 책임이 있다.

여전히 Phoenix, Riverside, Las Vegas에 살고 싶어하는 사람은 많고, 여러분도 그중 한 명일 수 있다. 하지만, 이 도시들의 집값은 변동이 심하니 언제나 시장이 좋을 것이라고 낙관하지는 않아야 한다. 그리고 주택시장의 변동은 도시 차원이 아닌 국가적, 세계적 차원에서도 발생할 수 있다는 사실을 기억하기 바란다.

# 22. 주택시장의 붕괴로 망가진 일상

"통계는 눈물을 흘리지 않는다." Zillow의 경영자이자 경제학자로서 내가 좋아하는 말이다. 전문가라는 사람들은 주택시장 붕괴에 대해 말할 때, 숫자 뒤에 감춰진 사람들의 가정, 직장, 심지어 생명을 생각하지 못하는 경우가 있다. 2007년 주택시장의 거품이 꺼졌을 때, 우리는 사람들이 겪었던 어려움에 귀를 기울였다. 대공황 이후 최악의 경기침체는 수백만 명의 삶을 뒤흔들었으며, 주택가격 하락으로 많은 사람들이 손실을 입거나 파산했다. 우리는 주택시장의 붕괴가 사람들에게 미치는 영향을 이해하기 위해, Health Way와 Gallup의 설문조사 데이터를 활용했다.

2008년 1월, Health Way와 Gallup은 건강, 행동경제, 설문조사에 대한 전문지식을 결합해 "미국인의 삶의 질"을 측정했다. 그들은 200만 명 이상의 미국 성인을 대상으로, 재정상태, 사회관계, 지역사회, 건강 상태에 이르기까지 다양한 주제를 묻고 그 결과로 미국인의 삶의 질을 측정했는데, 우리는 이 데이터를 주택시장 데이터와 결합해 부동산 시장이 미국인의 삶의 질에 미치는 영향을 발견할 수 있었다.

바로 알 수 있었던 한 가지 사실은, 주택시장과 경제전망의 관련성이 상당히 높다는 것이었다. 주택가격이 하락할 때는 경제에 대한 비관적 전망이 높았고, 주택가격이 회복되면 낙관론이 부상했다. 2008년

1월, 경기가 급격히 하락하기 전의 설문조사에서는 미국인의 18%가 경제전망을 낙관했지만, 낙관론은 향후 5개월 동안 지속적으로 감소해 2008년 5월에는 8%까지 떨어졌다. 단 5개월 만에, Texas주 전체 인구에 해당하는 2,400만 명이 경제에 대한 낙관론을 포기한 것이다.

물론 주택시장이 경제전망에 영향을 미치는 유일한 요인은 아니다. 우리는 호황과 불황의 롤러코스터였던 지난 5년 동안 발생했던 몇 가지 중요한 사건들을 발견했다. 예를 들어 2009년 2월, $787억에 달하는 「미국 경제회복 및 투자활성화법」이 통과되었을 때는 낙관적 경제전망이 늘어났다. 그러다 2011년 여름, 연방정부의 자금 조달에 부채상한 위기가 발생해 시장이 위축되자 낙관적 경제전망이 줄어드는 식이다. 그 외에 유가나 실업률 같은 요인들도 낙관적 경제전망에 크고 작은 영향을 미친다.

🔁 주택가격과 낙관적 경제전망

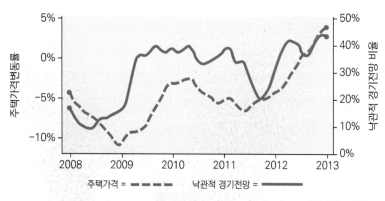

출처: Gallup, Zillow

주택가격 상승과 낙관적 경제전망의 선후관계는 명확하지 않다. 경제가 좋아져서 집을 사는 것인지, 집을 사서 경제가 좋아지는 것인지는 "닭이 먼저냐, 달걀이 먼저냐"와 같다. 다만, 한 가지 확실한 사실은 주택시장이 좋으면 미국인들의 경제적 자신감 또한 올라가며, 이 둘의 상호관련성만큼은 무척 높다는 것이다.

또한, 우리는 주택시장이 일상에도 영향을 미친다는 것을 알 수 있었다. 설문조사에서는 응답자에게 자신의 상태를 10단계로 대답하도록 했는데, 7단계 이상은 긍정적 전망, 4단계 이하는 부정적 전망이었다. 2008년 1월까지는 응답자의 60%가 자신의 상태를 7단계 이상으로 대답했다. 그러나 2008년 11월, 주택시장이 급격하게 악화되자 그 비율이 50% 미만으로 떨어졌다. New York과 Boston의 인구를 합한 정도인 2,400만 명의 성인이 일상에 대한 긍정적 전망을 포기한 것이다. 최근에 웃어본 적이 있느냐는 질문에도 응답자의 비율이 2% 감소했다. 주택시장 붕괴로 약 480만 명의 사람들이 웃음을 잃은 것이다. "어제 하루는 행복했나요?"라는 질문에도 '네'라고 답한 사람이 적었다.

정신적인 스트레스로 건강도 악화된다. 부동산 중개인들이 하는 농담인데, 집주인의 손톱을 보면 방매기간을 알 수 있다고 한다. 만약 손톱을 깨문 자국이 있다면, 그 집은 매물로 나온 지 아주 오래되었다는 것이다. 주택가격과 혈압·콜레스테롤 수치를 비교해도 강력한 연관성을 확인할 수 있다. 주택가격이 하락하면 혈압과 콜레스테롤 수치도 함께 올라갔다.

2008년 경제위기를 거치며 콜레스테롤 수치가 높아졌다고 응답한 사람도 30%나 됐다. 얼마나 심각한 일인지 모를 수 있는데, 이는 Miami

## 연도별 주택가격 변동률과 건강질환자 비율

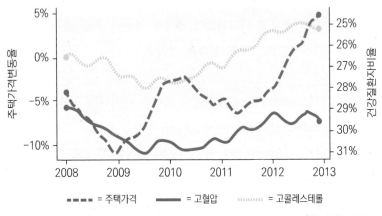

출처: Gallup, Zillow

전체 인구와 맞먹는 250만 명의 건강이 악화되었다는 것을 의미한다. 고혈압을 경험한 적이 있다고 응답한 비율도 27% 이상으로 높아졌다. 흡연도 늘어났다. 흡연은 스트레스 증가와 연관되어 있으며, 집값 폭락과 실업으로 스트레스가 늘어났다는 것을 의미한다. 흡연자의 비율도 2008년 1월에 조사된 20.7%에서 같은 해 12월 22.2%까지 늘어났다. 이는 Los Angeles시 전체가 담배를 피우기 시작한 것과 같다. 어쩌면 흡연 증가가 혈압과 콜레스테롤에 영향을 미쳤을 수도 있다.

물론, 이런 추세는 경제가 회복되면서 역전된다. 2011년 중반, 다시 주택가격이 상승하자 고혈압과 콜레스테롤 수치가 높다고 응답한 응답자의 비율은 각각 25.5%와 29.5%로 떨어졌다.

특정 대도시로 범위를 좁히면, 주택시장과 삶의 질이 어떻게 연관되

## 연도별 주택가격 변동률과 흡연자 비율

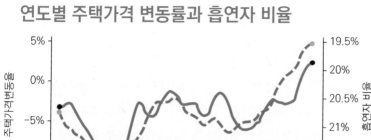

출처: Gallup, Zillow

어 있는지 더 잘 알 수 있다. 집값이 많이 떨어질수록 사람들의 생계와 생활에도 큰 변화가 생겼다. 하락폭이 큰 도시일수록 응답자들의 건강 상태가 나쁘고 일상생활의 곤란을 호소하는 비율이 높았다. 이런 지역 에 사는 사람들은 행복보다 슬픔을 느낄 가능성이 높고, 10단계의 상 태 중에서 7단계 이상인 긍정보다 4단계 이하인 부정을 선택한 사람들 이 더 많았다. 당연히 경제전망도 부정적이었다.

주택이 마이너스 자산인 비율이 높았던 도시들의 상황도 비슷했다. 이 지역 주택 소유자들은 집값이 대출원금에도 미치지 못하는 상황에서 매월 대출금을 상환하며 경제적으로 궁핍해지고 있다고 느꼈다. 이들은 자신의 생활 수준에 불만족했고, 당연히 경제전망도 부정적이었다.

## 주택시장의 거품이 행복감에 미치는 영향

다음으로 우리는 주택가격이 하락한 지역의 행복감에 대한 응답을 살펴보았다. 설문은 사람들에게 '매우 행복하다', '꽤 행복하다', '별로 행복하지 않다'를 선택하게 했다. 2004년 Texas와 Tennessee에서는 9.9%만이 '별로 행복하지 않다'고 답했고, 6년 후인 2010년에도 13.1%로 얼마 늘어나지 않았다. Texas와 Tennessee는 주택시장의 위기를 비교적 잘 극복했기 때문이다.

반면, Arizona주 Phoenix, California주 Bakersfield, Los Angeles, Riverside, Sacramento, Vallejo 같이 주택시장에 큰 타격을 받았던 도시의 설문조사 결과를 보면, '별로 행복하지 않다'는 응답비율이 2004년 16.5%에서, 주택가격에 거품이 발생했던 2006년에는 9.3%로 감소했다. 응답자의 33.2%는 '매우 행복하다'고 답했는데, 이런 행복이 오

📈 주택시장 거품과 행복감

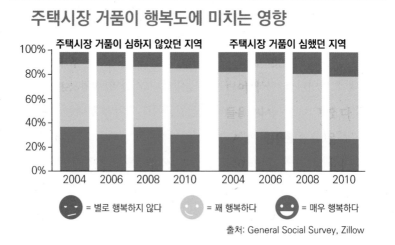

출처: General Social Survey, Zillow

래가지는 못했다. 거품이 터진 2010년에는 '별로 행복하지 않다'는 응답비율이 20.2%까지 급상승했다.

호황과 불황, 이자율 상승과 압류, 주택가격 상승과 하락의 뒤에는 사람들이 느끼는 스트레스, 두통, 흡연, 부부싸움이 있었다. "통계는 눈물을 흘리지 않는다"는 말이 어쩌면 맞는지도 모르겠다. 하지만, 데이터는 사람들의 경험을 더 깊이 있게 이해할 수 있도록 도와준다.

## 소유자와 세입자의 정치성향이 서로 다를까

여러 사람이 모인 자리에서 금기인 세 가지 주제가 있다. 바로 정치, 종교 그리고 섹스에 관한 이야기다. 점잖은 사람이라면 좋은 자리에서 이 세 가지 얘기를 꺼내지 않을 것이다. 그런데, 이 책은 부동산에 대한 내용이니 이러한 규칙에 얽매이지 않도록 하자. 우리는 이 세 가지가 주택시장과 어떤 관련이 있는지 궁금해졌다. 소유자와 세입자의 정치성향은 서로 다를까? 누가 더 종교활동을 많이 할까? 성생활에도 차이가 있을까?

정치성향부터 살펴보면, 소유자는 세입자보다 전반적인 정치성향이 보수에 가까웠다. 일반적으로 보수주의는 재산권 보호를 강조하고 있으니 어느 정도 일맥상통하는 것 같다. "스스로를 정치적으로 진보적, 중도적 또는 보수적이라고 생각하느냐"는 질문에, 소유자의 40%가 스스로를 '보수적'이라고 응답한 반면, 세입자는 25%에 그쳤다. 같은 질문에 세입자의 34%가 스스로를 '진보적'이라고 응답한 반면, 소유자는 24%에 불과했다.

## 주택 소유에 따른 정치적 성향

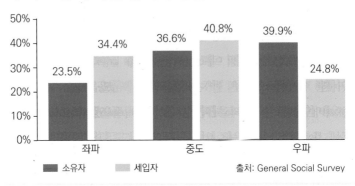

출처: General Social Survey

또한 주택 소유자는 세입자보다 종교활동에도 더 적극적이었다. 소유자의 36%가 매주 종교 예배에 참석했지만, 세입자는 33%로 다소 낮았다. 연령대를 기준으로 젊은 그룹(45세 이하)과 나이가 많은 그룹(46세 이상)을 비교해보면, 젊은 사람들이 종교활동에 소극적이었다. 하지만, 젊은 사람들 중에서는 소유자와 세입자의 격차가 컸다. 젊은 소유자의 종교 예배 참석 비율은 32%였지만, 젊은 세입자는 19%에 그쳤다. 나이가 많은 그룹에서는 격차가 줄어들어 소유자 39%, 세입자 31%로 나타났다. 어쩌면 집을 소유한다는 것이 종교활동과 어떤 관련이 있는지도 모른다.

마지막으로 성생활을 살펴보면, 일단 소유자와 세입자 모두 80%가 작년에 섹스를 한 적이 있다고 응답했다. 하지만, 성생활의 빈도는 세입자가 더 높았다. 일주일에 한 번 이상 섹스를 한 비율은 모든 연령대에서 세입자가 소유자보다 높았다. 전체적인 비율은 세입자가 49%, 소유자는 41%였다. (물론, 이것은 상관관계이지 인과관계가 아니다.) 30세 미만

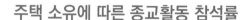

## 주택 소유에 따른 종교활동 참석률

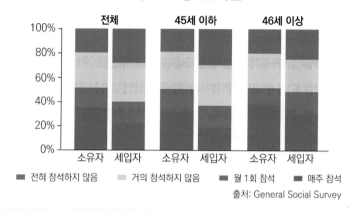

출처: General Social Survey

인 응답자 중에서는 세입자 58%, 소유자 54%였고, 30~45세 응답자는 세입자 47%, 소유자 42%였다. 46~59세 응답자는 세입자 53%, 소유자 40%였다. 60세 이상에서는 응답비율이 훨씬 낮았다. 65세 이상 남성의 19%와 여성의 37%가 혼자 살고 있기 때문이다.

　일반적으로는 꺼내기 어려운 주제의 얘기였지만, 이런 금기시되는 주제에서도 우리는 삶의 일부를 확인할 수 있으니 너그럽게 양해해주시길 바란다.

# 주택 소유에 따른 성생활 빈도(주 1회 이상)

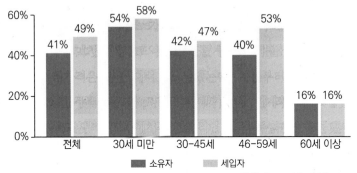

출처: General Social Survey

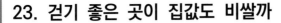

# 23. 걷기 좋은 곳이 집값도 비쌀까

나는 걷는 것을 좋아한다. 여러분이 이 책을 읽고 있는 지금도, 나는 산책을 하고 있을 가능성이 높다. 트레드밀Treadmill 책상에서 말이다. 나는 트레드밀 책상을 워낙 좋아해서, 우리 사무실에도 몇 개를 가져와 워킹룸을 만들었다. 걷기는 건강하게 활력을 유지하는 좋은 방법이다. 그리스의 의사였던 Hippokratēs는 "걷는 것이 인간에게 가장 좋은 약"이라고 말했을 정도이다.

트레드밀 책상

고대 그리스 이전부터 사람들은 걷기를 좋아했다고 한다. 몇 천 년이 지난 지금도, 특히 부동산과 관련해서는 여전히 걷는 것이 대세인 것 같다. 1980년대 이래 도시계획가들은 집과 직장이 학교, 공원, 상가와 가까워 도보로 이동이 가능하거나, 조금 멀더라도 대중교통으로 이동할 수 있는 지역을 만들기 위해 노력해 왔다.

도시계획에서는 "팝시클 테스트the Popsicle test"라는 것을 지표로 사용한다. 이 지표는 "여덟 살짜리 아이가 도로를 건너지 않고도 가게에 갈 수 있도록 충분히 안전하고, 자전거를 타고 아이스크림을 사러 가도 녹기 전에 집에 돌아올 수 있을 만큼 가까운가?"를 묻고 있는데, 이제 많은 부동산 개발회사들이 이런 기준을 만족하는 공간을 만들고 있다. 사람들 역시 이런 곳을 선호해, 어떤 뉴요커는 《New York Times》에 "우유를 사러 가까운 농산물 직거래 장터에 걸어갈 수 있다는 것은 엄청난 장점"이라고 말할 정도이다. Denver에 사는 한 여성도 "교외는 불편하다. 직장, 레스토랑, 콘서트홀까지 모든 시설이 연결되어 있는 것이 편하다."라고 말한다.

실제 1980년 이후에 태어난 밀레니얼 세대는 부모 세대에 비해 운전량이 20% 정도 적다고 한다. 그들은 운전보다 스마트폰을 좋아한다. 이제 고령화된 베이비붐 세대 역시, 나이가 들수록 운전을 덜 하거나, 더 이상 운전할 수 없을 때는 걸을 수 있는 동네에서 조용히 늙어가기를 원한다. 그래서 궁금해졌다. 직주근접의 가치는 얼마나 되는 걸까?

그 답을 찾기 위해 우리는 'Walk Score'와 협업했다. 우연이지만 사무실도 우리와 가까운 곳에 있었다. Walk Score는 2007년 Jesse Kocher, Matt Lerner, Mike Mathieu, Josh Herst(CEO)가 걷기 좋고, 살기 좋은 지역을 홍보하기 위한 목적으로 만들었다. 그들은 회사명 그대로 걷기 점수를 만들었는데, 미국의 모든 주소를 대상으로 주변에 걸어서 갈 수 있는 편의시설(레스토랑, 편의점, 공원, 학교 등)이 얼마나 많은지 측정해 점수를 매긴다. Walk Score의 걷기 점수는 Zillow에서도 확인할 수 있다. 우리는 그들의 데이터를 분석해 몇 가지 시사점을 도출할 수 있었다.

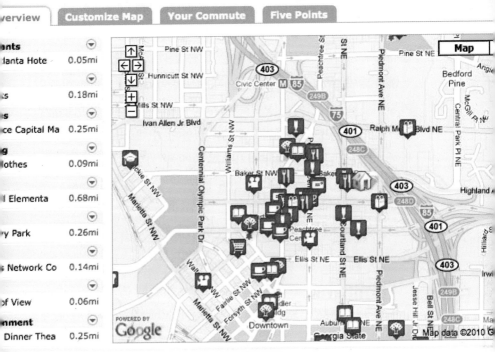

## Very Walkable
255 Courtland St NE Atlanta

verview | **Customize Map** | **Your Commute** | **Five Points**

nts
lanta Hote   0.05mi

s   0.18mi

ce Capital Ma   0.25mi

othes   0.09mi

Elementa   0.68mi

y Park   0.26mi

Network Co   0.14mi

of View   0.06mi

nment
Dinner Thea   0.25mi

Walk Score.com

가장 큰 시사점은 걷기 좋은 지역의 주택이 임대료도 높고 침체시장
에서 회복력도 높다는 점이다. 두 번째는, 걷는 것의 가치가 사람마다
다르다는 것이다. 걷는 것을 선호한다면 걷기 좋은 곳의 집값이 높았
지만, 운전이 더 친숙하다면 오히려 집값이 낮은 경우도 있었다.


## 걷기 좋을수록 집값도 비싸다

집과 시장을 쉽게 오갈 수 있는 Brooklyn 같은 지역도 있고, 영화한 편을 보기 위해 차를 타고 가야 하는 Phoenix 같은 지역도 있다. 우리는 이러한 차이를 반영하기 위해 Walk Score의 데이터를 '자동차 의존적', '다소 걷기 좋음', '아주 걷기 좋음', '보행자의 천국' 4가지로 분류했다.

예를 들어, Washington DC는 도시 전체의 약 45%가 도보로 이동이 가능한데, 이 중 6.5%는 '보행자의 천국'에 가까워 자동차를 이용하지 않아도 아이를 공원에 데려다 줄 수 있었다. 반대로는 Las Vegas와 Riverside가 있다. 이 지역은 각각 86%, 91%가 '자동차 의존적'인 것으로 분석되었다.

미국 주요 대도시의 주택가격을 분석해보면, 몇 가지 분명한 추세가 나타난다.

첫째, 걷기 좋은 지역일수록 주택가격이 비싸다. 걷기 좋은 지역의 주택가격은 그렇지 못한 지역보다 높았는데, Chicago와 New York에서는 각각 62%, 61% 높았다. 주택시장의 침체가 덜했던 Dallas Fort Worth와 Denver 지역에서는 '보행자의 천국'으로 분류되는 주택의 가치가 10년 전보다 각각 1.8배, 1.7배 이상 상승했지만, '자동차 의존적'인 지역의 주택가격은 각각 1.3배, 1.4배 오르는 데 그쳤다.

둘째, 걷기 좋은 지역이 경기침체의 영향도 덜 받았다. Washington DC와 Boston에서 걷기 좋은 지역의 주택가격은 그렇지 못한 지역과 달리 주택가격이 거의 하락하지 않았을 뿐만 아니라, 이미 과거 최고 가격 수준을 회복했다.

# 지역별 Walk Score와 주택가격

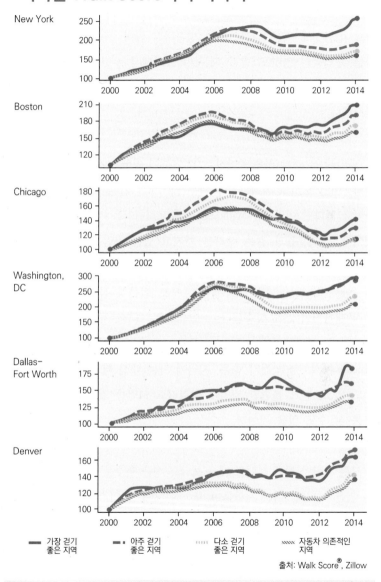

New York

Boston

Chicago

Washington, DC

Dallas-Fort Worth

Denver

━━━ 가장 걷기 좋은 지역
━ ━ 아주 걷기 좋은 지역
‧‧‧‧‧ 다소 걷기 좋은 지역
\\\\\\ 자동차 의존적인 지역

출처: Walk Score®, Zillow

# 걷는 것의 가치는 사람마다 다르다

데이터상으로는 걷기 좋은 지역일수록 주택가격이 높지만, 그것이 도보 접근성에 따른 결과인지는 명확하지 않다. 주택가격은 그 외의 다른 요인들의 영향도 받기 때문이다. 그래서 우리는 로그$_{log}$를 씌운 다중회귀분석모형을 활용해 다른 변수를 제어한 상태로, 주택가격을 분석했다.

여러분들은 걷는 것을 좋아하는가? 20세기 영국의 작가 Cyril Connolly 처럼 "어떤 도시도 산책하기에 너무 넓어서는 안 된다"고 생각하는가? 만약 그렇다면 여러분은 Walk Score에 프리미엄을 지불할 용의가 있을 것이다. 여러분들과 같은 생각을 가지고 있는 사람들이 많다면 Walk Score가 높을수록 집값도 높아진다. Walk Score와 주택가격의 연관성이 높은 Chicago 같은 도시에서는, 도보 접근성 점수가 15점 증가할 때 주택가격이 25% 상승했다.

집값이 부담된다면, 중간 수준의 절충안을 선택할 수도 있다. Chicago에서 '다소 걷기 좋은' 지역에 사는 대신 더 넓은 집을 선택할 수도 있고, 걷기 불편한 지역에 살더라도 그만큼 집값을 절약해 좋은 차를 살 수도 있을 것이다.

모든 사람이 집을 선택할 때 도보 접근성을 필수불가결한 요소로 여기는 것은 아니다. 어떤 사람들이 오히려 '자동차 의존적'인 지역에 사는 것을 선호하기도 한다. 이런 지역에서는 Walk Score가 높을수록 반대로 주택가격이 떨어지는 경우도 있다. 예를 들어, Cleveland와 Baltimore는 '자동차 의존적' 도시인데, Walk Score가 15% 높은 지역의 주택가격이 그렇지 못한 지역보다 각각 8.3%와 8.4% 낮았다. 기본적으로 걷기 좋은 지역으로 분류된 경우에만 Walk Score와 주택가격이 비례한다.

나름 직관적인 결론이 아닌가? '자동차 의존적'인 지역의 사람들은 지역의 편의시설이 가까운 것보다 다양한 것을 더 중요하게 생각할 수도 있다. 예를 들어, 좋은 레스토랑보다 좋은 학군의 학교를 선호할 수 있다는 것이다. Walk Score는 주변 편의시설과의 접근성만 판단할 뿐, 품질이나 선호도는 고려하지 않기 때문이다.

기본적으로 우리 모두 친구들이나 편의시설에서 가까운 곳에 살고 싶어 한다. 자동차, 지하철, 기차, 비행기 등 어느 때보다 많은 이동수단이 있지만, 많은 사람들은 여전히 걷는 것을 좋아한다. 그래서 도시계획가와 디벨로퍼들도 걷기 좋은 공간을 만들기 위해 노력하고 있다. 일반적으로 걷기 좋은 지역의 집값이 더 비싸다 하더라도, 사실 어디에 살 것인지 결정하는 것은 지극히 개인의 몫이다. 도보 접근성은 중요하고 확실히 주택가치에 영향을 미치지만, 그 가치는 여러분들 각자가 부여하는 것이기 때문이다.

# 24. 꼭 모든 사람이 주택을 소유해야 할까

2002년 6월 George W. Bush 대통령은 저소득 미국인, 특히 소수민족의 자가점유율을 늘리는 정부정책을 홍보하기 위해 Georgia주 Atlanta를 방문했다. 대통령은 백인 미국인의 75%가 자신의 집을 소유하고 있지만, 아프리카계 미국인과 히스패닉의 자가점유율은 50% 미만이라고 지적했다. 그리고 국가를 위해 이런 문제를 개선해야 한다고 주장했다.

이 격차를 줄이기 위해 Bush 행정부는 550만 명의 저소득 또는 소수민족 가정이 주택을 구입할 수 있도록 지원하는 계획을 발표했다. 이들이 주택을 구입할 때 필요한 10~20%의 계약금이 없다는 점을 지적하며, 의회에 $200억 약 2,400억 원 규모의 "아메리칸 드림 기금"을 만들어 가구당 최대 $10,000 약 1,200만 원까지 지원하기로 했다. 또한, 저가 주택이 부족하다는 점도 강조했는데, 이 문제를 해결하기 위해 부동산 개발회사가 소외된 지역에도 저가 주택을 건설할 수 있도록 $2.4억 약 2조 8,000억 원 규모의 세금 감면안도 의회에 제안했다.

부의 재분배, 막대한 정부지원, 정부의 시장개입까지, 정책만 들었을 때는 George W. Bush 대통령이 아닌 Barak Obama 대통령의 정책인 것 같기도 하다. Bush 대통령이 발표한 정책은 보수적인 공화당원들에게 혼란스러울 정도로 진보적이었다.

하지만, 이것이 미국 주택 문제의 특징이다. 역사적으로 주택만큼은 미국에서 초당파적인 문제이기 때문이다. 오늘의 미국을 세운 연방주의자, 공화당원 모두 주택 소유를 지향하며, 이것을 자유, 독립, 민주시민의 미덕이라고 생각했다. 1800년대 초, Thomas Jefferson 대통령은 일반 시민의 재산권이 "공화국 정부의 진정한 기반"이라고 말했을 정도이다.

영토가 확장되자 미국 정부는 원주민에게 약탈한 토지를 개발해 이주민들에게 나눠주었다. 1930년대 수천만 명에게 주택 대출을 지원했던 Franklin D. Roosevelt 대통령은 "주택 소유자의 국가는 결코 정복당하지 않는다"고 선언했다. 그는 채무자의 담보대출금 상환을 정부가 보증하는 방식으로 수백만 명의 참전 군인에게 주택을 제공했다.

1992년 의회는 담보대출기관인 Fannie Mae와 Freddie Mac이 저소득 및 소수민족에게도 충분한 담보대출을 제공하도록 의무화해 주택 소유기회를 확대하려고 했다. 이에 따라 저소득층의 담보대출 비중은 전체의 30%에서 50%로 증가했는데, 모두 주택 자가점유율을 높이기 위한 목적이었다. 1994년 Bill Clinton 대통령이 미국의 주택 자가점유율을 역사적 평균인 64%에서 2000년까지 67.5%로 높이겠다는 계획을 발표했다. 그는 주택 소유를 늘려 경제를 강화하고, 일자리를 창출하며, 중산층을 구축하려고 했다.

그러니 Bush 대통령이 전임 대통령들의 발자취를 따라 주택 자가점유율을 확대하려고 했던 것도 그리 놀랄 일이 아니다. 2003년 당시 모두 이 정책에 찬성했으며, 의회도 관련 법령을 만장일치로 통과시켰다. 주택 소유는 정당을 떠나 모든 국회의원들이 지지할 만큼 인기 있는 정책이었다.

## 유럽과 미국의 주택 자가점유율 비교

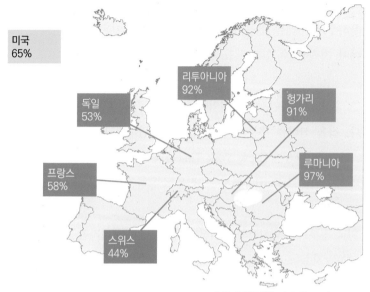

미국
65%

리투아니아
92%

독일
53%

헝가리
91%

프랑스
58%

루마니아
97%

스위스
44%

출처: 유럽통계청, 미국 인구조사국, 2012

　미국은 이런 정책에도 불구하고, 국제적으로는 주택 자가점유율이 낮은 편에 속한다. 지난 30년 동안 미국의 주택 자가점유율은 65% 안팎인데, 다른 서구 국가 대비 많이 낮은 수치다. 그럼에도 불구하고 주택시장에는 거품이 터졌고 세계 경제도 마찬가지였다. Bush 대통령이 도우려 했던 많은 사람들은 결국 심각한 곤경에 처하게 되었다.

　Darrin West에게 일어난 일을 살펴보자. Darrin은 2002년 Bush 대통령의 연설에 참석한 Atlanta 경찰이었다. 그는 대통령을 보호하려고 연설에 참석한 것이 아니라, 연설을 듣기 위해 참석한 것이었다. Darrin은

Atlanta개발청이 건설 중이었던 타운하우스를 분양 받았는데, 분양가는 $130,000 약 1.5억 원이었고, 시에서 계약금 $20,000를 대출받았다. 사실, Bush 대통령은 연설 전에 이 타운하우스를 둘러봤는데, 연설 중에 이 타운하우스 사례를 언급하며 "우리가 해야 할 일은 이러한 실천이 미국에서 지속될 수 있도록 노력하는 것"이라고 말했다.

그 후 몇 년 동안, 미국 전역에서 수십만 명의 Darrin이 주택을 구입했다. 집을 산다는 흥분과 집값에 대한 낙관주의가 지배적이던 시기였다. 하지만 2008년 《New York Times》의 취재결과, 수십만 명의 미국인과 마찬가지로 Darrin 역시 그 집을 소유하지도, 살고 있지도 않았다.

미국 정부가 주택시장의 데이터를 제대로 이해했더라면, 어쩌면 Darrin과 같은 저소득 주택 소유자들의 피해를 막을 수 있었을지도 모른다. 과거 20년 동안 주택가격을 분석해보면 한 가지 분명한 사실이 있다. 저소득 가정이, 저소득 지역에서, 저가 주택을 구입하도록 지원하는 보조금은, 결과적으로 그들이 도우려 했던 바로 그 사람들에게 피해를 준다는 사실이다. 이런 정책으로는 부와 기회 창출이라는 목표를 달성할 수 없었다.

여러 가지 이유가 있지만 핵심은 간단하다. 집을 사는 것 자체가 일종의 게임이다. 한 곳에서 수십 년 동안 계속 산다는 것, 앞으로 계속 담보대출 원리금을 갚으며 살아야 한다는 것은 게임과 같다는 것이다. 월급쟁이들은 이런 게임을 할 여유가 없다. 담보대출의 노예로 사느니, 대신 앞으로의 변화에 유연하게 대처하면서 사는 것이 더 나을 수 있다.

예를 들어, 여러분들이 Cleveland에서 안정적인 직장을 가지고 있고, 직장에서 멀지 않은 곳에 집을 샀다고 해보자. 경기가 나빠지고 일자리를 잃게 되어 수입이 줄어들어도 그 도시에 묶여 있어야 한다. 물론 Cleveland에서 새 일자리를 찾을 수도 있겠지만, 차라리 일자리가 있는 지역으로 이사하는 것이 더 나을 수 있다. 더구나 통장 잔고가 넉넉하지 않은 사람이라면, 새로운 일자리를 찾기 위한 시간이 충분하지 않기 때문이다.

이런 경우 집을 소유하고 있으면 상황에 유연하게 대처하기가 어렵다. 갑자기 아이가 아파서 $10,000 약 1,000만 원 이상의 병원비가 필요할 수도 있다. 이런 상황에서는 지출을 줄여야 한다. 세입자라면 월세가 저렴한 곳으로 이사를 가면 쉽게 해결할 수 있겠지만, 집을 소유하고 있다면 매월 고정적으로 나가는 대출원리금을 줄일 수 없다.

집값이 대출원금보다 더 떨어지면 저소득층에게는 치명적인 재앙이된다. 집을 팔아도 대출원금을 모두 갚을 수 없으니, 팔 수도 없는 집에 살면서 매월 대출금을 갚아 나가야 한다. 집이 안정감을 주는 것이 아니라, 오히려 재정적 안정을 위협하고 있는 것이다.

저소득층의 주택 구매는 집값이 오르더라도 좋은 투자가 될 수 없다. 왜냐하면 집값의 상승과 하락은 그 지역과 관련되어 있기 때문이다. 데이터를 분석해보면, 부유한 지역일수록 수익률이 더 높고 안정적이며, 그렇지 못한 지역에서는 수익률이 낮을 뿐만 아니라 변동성이 더 컸다. Colorado대학교 경영대학원 교수이자 Zillow의 기술자문을 맡고 있는 Thomas Thibodeau는 저소득 가정이 저소득 지역에 투자한다고 해서 이익이 되지 않았다는 연구 결과를 발표했다. 주택 구매는 오히려 그들을 빈곤의 악순환에 빠뜨릴 뿐이었다.

　미국에서 두 번째와 세 번째로 큰 대도시인 Los Angeles와 Chicago 를 살펴보자. 이 대도시에는 수십 개의 지역이 있으니, 충분한 표본이 될 것이다. 인구 데이터를 Zillow의 주택 데이터와 결합해, 고소득 지 역과 그렇지 못한 지역의 주택가치를 시계열로 분석했다.

　Los Angeles에서는 지난 17년 동안 3개의 지역만 집값이 3% 내외로 하락했는데, 인구 데이터에 따르면 이 지역은 모두 저소득층이 거주하 는 지역이었다. 반면, 같은 기간 Los Angeles에서 가장 부유한 23개 지 역의 평균 수익률은 6.5%였다. 주택가격이 가장 많이 하락한 지역은 평균 소득이 $42,770 약 5,000만 원 수준이었던 Hawaiian Gardens였고, 가 장 많이 오른 지역은 평균 소득이 $101,324였던 Newport Beach였다. 이런 패턴은 Chicago, Windy City에서도 마찬가지였다. 1996년 이후 Chicago에서 집값이 가장 떨어진 지역은 80%가 도시 평균보다 소득이 낮은 지역이었고, 집값이 오른 지역은 모두 소득이 높은 지역이었다.

　주택 소유와 관련해, 미국의 부자는 더욱 부유에 　 가난한 사람은 더욱 가난해지고 있다. 고소득 지역이 그렇지 못한 지역보다 수익률이 높은 것은 상당히 일반적이고 지속적인 패턴이다. 수익률의 격차도 평 균적으로 60%에 달한다. 부유한 사람들일수록 더 빨리 부자가 되고 있 는 것이다.

　게다가 주택가격의 변동성은 저소득 지역에서 더 컸다. 고소득 지역 에서는 주택가격도 안정적이었지만, 그렇지 못한 지역에서는 변동이 심했다. 저소득층은 낮은 수익률과 높은 변동성 모두를 갖춘 잘못된 투자를 하고 있는 것이다. 이런 투자라면 일반 경제법칙으로는 채택하기 어려운 비합리적 투자이다.

다시 Atlanta로 돌아와, Bush 대통령은 청중에게 주택 소유가 아메리칸 드림의 일부라고 말한다. "정부는 국민들의 꿈을 키우고 미국의 모든 이웃이 꿈을 꿀 수 있도록, 할 수 있는 모든 일을 해야 합니다. 미국에서 자신의 집을 소유하고 있다면, 그것이 곧 아메리칸 드림을 실현하는 것입니다." 물론, 좋은 말이다. Bush 대통령의 진심을 의심하지는 않는다. 이러한 생각은 미국의 법률, 가치, 문화에 깊이 박혀 있고, 많은 사람들이 공감하는 것이기도 하다. 비록 연구 결과와 다를지라도, 우리는 주택의 소유가 더 나은 시민권이라는 사실을 의심하지 않는다. 주택 소유가 저소득층에게 실질적으로 도움이 되는지 따지는 것조차 어려워 보인다. 아메리칸 드림이라는 신화는 그 이유의 하나일 뿐이다. 집을 사는 것이 부를 늘리고, 빈부격차를 줄일 수 있다는 생각은 아주 직관적이기 때문이다.

불행하게도 진실은 그 반대에 있었다. 이것은 우리의 주관적인 의견이 아니라, 데이터에 의한 객관적인 결론이다. 데이터는 거짓말을 하지 않는다. 주택 소유를 아메리칸 드림과 동일시하는 정책은 실패로 끝날 것이다. 우리 모두 미국의 빈부격차와 불평등에 대해 알고 있고 그것을 걱정한다.

경제학자들에 따르면 우리가 그렇게 느끼는 데는 그럴만한 이유가 있다고 말한다. 최근 연구에 따르면, 불평등이 심화될수록 경제 성장은 저해된다. 우리 국민과 대통령이 국가가 더 평등하기를 바라는 것은 단순한 소망을 넘어 경제적으로도 합리적이다. 하지만, 우리는 주택 소유가 아니라 경제를 성장시킬 수 있는 정책에 집중해야 한다고 생각한다. 주택 소유를 늘려 불평등을 줄이려는 정책은, 오히려 우리가 해결하고자 하는 문제를 악화시킬 수 있기 때문이다. 이런 정책은 저소득 가정이 수익도 낮고 위험한 주택을 사게 만들고, 장기 담보대출의 노예로 생활비조차 감당할 수 없도록 만들고 있다.

오히려 무이자 학자금대출, 대학 등록금 인하, 근로소득 세액공제 확대 같은 정책들은 저소득 및 소수민족의 경제수준을 향상시키는 것으로 입증되고 있다. 실질적인 소득을 늘려 사람들 스스로 소비하고 저축, 투자할 수 있도록 한다. 저가 주택에 대한 민간 투자를 장려하기 위한 세액공제도 성공적인 주택 정책이다. 하지만, 주택 소유만큼은 그렇지 않다. 집에 대한 우리의 정서적 반응은 무척 강하다. 하지만 국가 정책이라면, 본능보다 데이터를 신뢰해야 한다.

## 25. 대출이자 세액공제의 문제점

많은 사람들이 주택 소유자의 담보대출 이자비용을 세금에서 공제해 주는 정책(일명 "MID")에 동의한다. 2011년 《New York Times》와 CBS가 공동으로 시행한 여론조사에 따르면, 미국인의 90% 이상이 이 정책에 찬성하고 있다. 2012년 미국 대통령 선거에서 경쟁했던 민주당의 Barak Obama와 공화당의 Mitt Romney도 모두 이 정책만큼은 지지했다.

MID는 과거의 사건과 역사적 우연에 의해 탄생했지만, 현재에도 매년 수억 달러의 비용이 들어가고 있는 정책이다. MID를 입법한 국회의원들도 세액공제의 규모를 보면 놀랄지도 모른다. 매년 미국 정부가 MID를 위해 지출하는 비용은 $100억 약 120조 원에 달한다. 그리고 이런 MID가 어떻게 탄생했는지, 사람들이 그 배경을 알고 나면 굉장히 놀랄 것이다.

1913년, 국회는 헌법 제정 후 최초로 소득세 개정안을 만들었다. 전체적인 분위기는 조심스러웠고, 어떤 국회의원도 적극적으로 나서지 못했다. 의원들은 $3,000 약 350만 원 이상의 소득에 대해서만 1%의 세금을 부과해 국민들의 반대를 최소화하기로 결정했다. 그리고 과세표준을 계산할 때, 총소득에서 담보대출 이자비용은 공제하기로 했다.

그 당시 미국인의 주택 소유 비율은 1/2도 되지 않았고, 그중 1/3은

신용대출이었다. 따라서 국회가 어떤 의도를 가지고 이자비용을 공제하는 정책을 만들었다기보다, 그저 우연한 사고에 가까웠던 것이다. 그러나, 제2차 세계대전 이후 점점 더 많은 사람들이 주택을 구입하고 담보대출을 받으면서 가계부채가 팽창하기 시작했다. 담보대출은 집을 구하는 참전군인들의 수요, 새로운 건설기술, 새로운 주택금융상품들로 인해 가파르게 증가했고, 자동차대출, 신용대출, 학자금대출도 급증했다. 이렇게 가계신용이 팽창하자, Reagan 대통령은 1986년 세금제도를 개편해 신용카드에 대한 이자비용 공제를 중단했다. 그 이후로 여러 공제항목들이 하나씩 폐지되었지만, 아직 담보대출에 대한 이자공제만큼은 남아 있다.

Reagan 정부는 분명히 "정부의 과세정책이 경제규제나 사회변화를 목적으로 활용되어서는 안 된다"고 선언했지만, 미국공인중개사협회의 대대적인 로비에 의해 주택 소유 확대라는 한 가지만큼은 예외가 적용되었다. Jeffrey H. Birnbaum과 Alan S. Murray는 1986년 세제 개편안에 대해 "최근 100년간 가장 대대적인 조세 개혁이었지만, 담보대출 이자비용 공제만 남겨둔다는 것은 비애국적이었다"고 썼다. Reagan은 "주택담보대출은 아메리칸 드림의 상징이며, 미국 정부는 이를 지켜낼 것"이라고 말했고, 국회에 MID 만큼은 논외로 다루자고 말했다.

그 이후로 MID는 여러 정부와 국회를 거치면서도 정치적 견해와 무관하게 존속되었다. California대학교 Dennis J. Ventry Jr. 교수는 "MID는 우연히 생겨났지만, 이제 하나의 기본권이 되었다. 과거에는 여러 공제항목 중 하나였지만, 이제는 얼마 남지 않은 공제혜택 중 하나가 되었다. 과거에는 미미한 수준의 세금공제였지만, 이제는 두 번째로 비용이 많이 드는 보조금이 되었다."고 말한다. 2013년 미국 정부는 퇴역

군인의 건강관리와 해외 원조를 위해 $55억 <sub>약 65조 원</sub>을 지출했고, 저소득층에 대한 식료품 쿠폰 발급에 $82억을 지출했다. 이에 비해 MID에는 국가적 우선순위를 초월해 $100억을 쏟아 붓고 있다.

요즘은 정부의 긴축재정이 대세이고, 세제 개혁이 화두이다. 어떤 수준의 세금공제라 하더라도 도마 위에 오를 것이다. 그런데 유독 MID만큼은 폐지하는 것을 꺼려하는데, 아마도 주택시장에 미치는 파급효과에 대한 두려움이 있는 것 같다. 부동산 시장의 거물인 Donald Trump는, 부동산 업계와 건설업체를 대변해 "MID를 없애면 디플레이션이나 경기후퇴 같은 대재앙이 벌어질 것"이라고 맹렬히 비난했다. 부동산 업계의 반응도 마찬가지다. 미국공인중개사협회는 MID가 주택시장의 안정을 위한 필수적인 제도라고 주상하는데, 이는 중개인들의 일반적인 견해이다. 최근 Zillow가 중개인 1,200명을 대상으로 실시한 설문조사에서, 중개인의 68%가 MID를 그대로 유지해야 한다고 응답했다.

하지만 우리는 많은 경제학자들의 견해에 찬성하며, 중개인들이 MID 폐지를 우려할 필요는 없다고 생각한다. 중개인들에 대한 설문조사 결과와 달리, 경제학자 113명을 대상으로 한 설문조사에서는 MID 폐지에 대해 긍정적인 응답이 많았다. 응답자의 1/2 이상은 대출이자 세액공제를 단계적으로 폐지해야 한다고 응답했고, 1/4은 세액공제의 대상을 제한해야 한다고 응답했다.

MID를 폐지해도 큰 문제가 없음을 보여주는 실제 사례도 있다. MID 없이도 주택 자가보유율이 70%에 달하고 세계에서 가장 살기 좋은 도시로 손꼽히는 이웃나라이다. 이 나라에서는 국민의 절반 이상이 스스로 중산층이라고 생각하며, 아이들은 좋은 학교에 다니며 잘 가꾸어진

마당에서 뛰어논다.

이 나라는 캐나다이다. 캐나다인들은 이 모든 것을 담보대출에 대한 세액공제 혜택 없이 이루어냈다. 캐나다는 미국과 비슷한 수준의 주택 자가보유율을 유지하는 만큼, MID가 주택시장을 안정적으로 유지하는 데 필수적이라고 주장하기는 어려울 것이다.

물론 MID가 폐지되면 주택가격이 약간의 타격을 받을 수는 있다. 주택가격 하락은 기존 소유자에게 나쁜 소식이 될 수 있지만, 신규 수 요자들의 주택 구입 가능성은 더 높아진다. 주택시장의 방정식은 공급 과 수요 두 가지 변수에 의해 움직인다는 것을 기억해야 한다. 주택가 격이 일시적으로 하락하더라도, 시장은 여전히 강세를 나타낼 것이다.

경제학자들도 주택가격의 일시적인 하락이 중개인들이 우려하는 것 보다 심각하지 않을 것이라고 말한다. 실제로 주택가격 하락은 부유한 지역의 고급주택에 국한될 것이다. Urban Institute는 "확인 가능한 최 선의 증거에 따르면, MID 폐지의 영향은 훨씬 덜 심각할 것이며 오히 려 주택시장의 회복에 도움이 될 것"이라고 예측했다.

사실, MID가 폐지되더라도 미국인 대부분은 전혀 영향을 받지 않을 것이다. MID는 보조가 아닌 공제이기 때문이다. 즉, 연방소득세를 납부 하고 소득공제를 받는 사람들에게만 해당된다. 2012년 대통령 선거에 서 Mitt Romney가 말했듯이, 미국인의 47%는 연방소득세를 내지 않는 다. 저소득 근로자, 실업자 또는 퇴직자들은 대부분 연방소득세 납부의 무자가 아니다. 또한 연방소득세를 납부하는 사람 중에서 소득공제를 신청하는 사람도 1/3에 불과하다. 즉, 미국인 6명 중 5명은 MID의 혜 택과는 관련이 없다는 것이다. 여기에 집을 임대했거나 대출금을 모두 상환한 사람들을 제외하면 더 줄어든다. 결과적으로 대출이자 세액공제의 혜택을 받는 사람은 미국인 15명 중 2명(13%)에 불과한 것이다.

MID의 혜택이 전체 미국인의 13%에게만 영향을 주고 있음에도, 우리는 여전히 수백만 가구의 피해를 말하고 있다. 물론, MID 혜택이 폐지되면 누군가에게 피해가 발생할 수 있지만, 그 영향은 상당히 국지적이다.

우리는 정부가 세액공제를 가구당 $3,000 약 3,000만 원로 제한하면 주택 소유자에게 어떤 일이 발생하는지 분석해보았다. 실제 주요 정당의 정치인들이 이러한 계획을 제안했다는 점을 감안하면, 현실화될 수 있는 일이기도 하다. 계획이 실현되면, 해안지역은 대부분 영향을 받지만 국가 전체적으로는 거의 영향이 없었다. 게다가, 영향을 받는 지역에서도 한 가지 중요한 사실을 발견할 수 있었다. 영향을 받게 될 가능성이 가장 높은 상위 100개 지역의 평균 주택가격이 $865,241 약 10억 원 수준이었다. 즉, 정부가 $100만 수준의 집에 사는 미국인들을 위해, 매년 $100억을 쓰고 있는 것이다. 이런 정책은 부유한 사람들에게만 혜택이 돌아간다는 점에서 역진적이다. 대부분의 사람들이 MID를 저소득층을 위한 포퓰리즘 정책으로 인식하고 있는 것은 상당히 아이러니하다. MID가 폐지되더라도 타격을 받는 사람들은 저소득층이 아닌 부유층이기 때문이다.

2003년 Pennsylvania대학교 경영대학원의 두 교수는 MID가 주택 구매자에게 최대 $26,385 약 3,100만 원의 보조금을 지급하는 것과 같다고 계산했다. 이 혜택은 미국의 중위소득 이상의 가구들에게 돌아간다. Reason Foundation의 보고서 역시, MID의 혜택을 받는 사람 75%의 연간 소득은 $200,000 약 2.4억 원이며, 이들은 평균 $2,221의 세금을 절약한다고 분석했다. 나머지 25%는 $114를 절약했다. 한 경제학자가 말한 것처럼, MID는 저소득층일수록 보조금이 줄어드는 '거꾸로 보조금'이 었던 것이다.

이것은 이해하기 어려운 정부정책이다. MID 보조금은 고가주택 소 유자를 지원하는 데 그치지 않고, 그들을 더 부유하게 만들고 있다. 우 리의 분석에 따르면 MID 혜택을 받는 지역의 주택가격은 다른 지역보 다 27% 더 많이 상승했다. $100억의 국가예산으로 고가주택 시장을 성 장시켜 온 것이다.

우리는 정부가 고가주택과 사치성 소비에 보조금을 지급하는 것을 원하지 않는다. 그렇다면 일반주택 소유자는 어땠을까? 이들은 MID의 혜택을 받지 못했을까? 세입자에서 소유자가 되기 위해 세액공제 혜택 을 활용하는 사람은 없었을까?

우리 분석에 따르면 MID 혜택을 가장 많이 받는 100개의 지역에서, 상당수는 연간소득이 $75,000 약 8,800만 원 이하였는데, 이들 대부분은 임 대료가 비싼 New York과 그 주변에 포진해 있었다. MID가 단계적으로 폐지된다면 이러한 일반주택 소유자들에게도 영향을 미치겠지만, 우리 는 그들에게 맞춰진 다른 공제제도에 찬성한다. 가장 큰 세제혜택이 소 수의 부유한 사람들에게만 돌아가는 것에는 찬성하기 어렵기 때문이다.

정부가 납세자들을 보호하면서 주택 구매자를 도울 수 있는 방법을 없을까? 실제 주택을 구매하려는 사람에게 가장 큰 장애물은 계약금이 다. 따라서, 정부는 MID를 폐지하고, 생애최초 주택 구입자들에게 세 금을 공제해주거나 보조금을 지급해주는 것이 훨씬 나을 것이다. 저소 득층을 더 많이 지원하는 진보적인 정책은 많은 사람들에게 도움이 될 수 있으며, 이런 일회성 혜택은 매년 지속적으로 보조금 지급하는 것에 비해 정부예산에도 부담이 되지 않을 것이다.

　MID를 이런 관점으로 생각해보자. $230,000는 Colorado Springs에
새 콘도를 살 수도, 페라리 458을 살 수도 있는 큰 돈이다. 왜 정부는
페라리 구입은 가만히 두면서, 콘도 구입비용은 보조하는 걸까? 데이
터는 100조 원의 정부예산이 더 잘 쓰일 수 있다고 말해주고 있다.

# 26. 왜 해안가의 집값은 비쌀까

New Orleans 시내에 시속 200km/h 이상의 강풍이 불었다. 바람은 Louisiana 해변의 Grand Isle 해변을 휩쓸고 지역 전체를 파괴했다. 물은 지면에서 3m 이상 차올랐다. 선박이 파괴되고, 선착장에 있던 수백 척의 예인선과 바지선이 가라앉거나 좌초되었다. 물은 지역 전체를 휩쓸고 눈에 보이는 모든 것을 삼켰다. 해일은 New Orleans 북쪽의 Pontchatrain 호수, 동쪽과 남쪽의 Mississippi강 하류를 덮쳤다. 강을 둘러싼 제방이 무너지면서 저지대인 Ninth Ward시가 침수되었다. 도시 대부분의 가구가 며칠 동안 물속에 잠기면서, New Orleans는 완전히 파괴되었다.

New Orleans

2005년 허리케인 Katrina가 아닌, 1965년의 허리케인 Betsy가 발생했을 때의 상황이다. 미국 역사상 가장 치명적인 허리케인이었던 Katrina가 발생하기 이미 40년 전에, 3단계 허리케인이 미국 남동부 지역을 강타해 미국은 최초로 수억 달러 수준의 초대형 재난을 맞았다. 그 이후에도 해안 재해는 계속 발생했고, 제방을 비롯한 보호장치들은 제 기능을 발휘하지 못했다. 집은 파괴되고, 보험도 사람들에게 도움이 되지 못했다. 정부는 지역사회를 재건하기 위해 수억 달러를 지출해야 했다. 분명히 필요한 일이었지만, 그 비용은 막대했다.

허리케인 Betsy(@NOLA.com)

사람들은 어떤 이유로 재난이 발생할 수도 있는 지역에 사는 걸까? 그리고 왜 정부는 해안지역을 계속 지원하는 걸까? 우리는 관련 데이터를 찾아 분석했고, 한 가지 사실을 알 수 있었다. 해안지역 부동산에는 고유의 법칙이 있었다. 이 법칙을 살펴보면, 지속적으로 반복되는 재해손실과 고비용의 복구사업을 어떻게 해결할 수 있을지 도움이 될지도 모른다.

## 해안지역 부동산의 특징

자연재해로 인해 해안지역에서 발생했던 재산과 인명 손실을 알고 있다면, 사람들이 해안지역에 살기를 꺼려해야 한다. 하지만 데이터를 분석해보면, 정반대로 해안가 주택의 가치가 더 높다. 위험에도 불구하고 사람들은 해안 근처에 사는 것을 선호하고 있었다.

이런 현상은 경제적인 관점으로는 이해하기 어렵다. 우리는 지난 10년 동안, 허리케인과 같은 자연재해가 앞으로 계속 증가할 것이라는 사실을 배웠다. 미국 기상청도 탄소배출이 계속 증가한다면 기후변화가 가속화될 것으로 예상하고 있다. 태양광에너지나 전기자동차가 세계의 탄소배출량을 극적으로 줄였으면 좋겠지만, 몇 년 이내에 이루어질 사안이 아니다. 안타깝게도 기후변화는 계속될 것이고, 해수면은 상승하며, 기상이변은 더 자주 발생할 수밖에 없다. 앞으로 미국은 폭풍해일로 인한 더 파괴적인 홍수에 직면하게 될지도 모른다. 해안지역은 과거에도 위험했고 앞으로 더 위험할 수 있지만, 현재와 미래의 위험은 정작 부동산 가격에 반영되지 않고 있다. 아무리 위험하더라도, 사람들은 해안가의 주택에 프리미엄을 지불하고 있었다.

Florida, North Carolina, South Carolina 3개 주의 해안에서 약 30km 이내인 지역을 분석했다. 우리는 이 지역을 ①해안가 인근 ②해안으로부터 15km 이내 ③15km 이상 30km 이내로 분류하고, 폭풍이 빈번했던 1997년 7월부터 2012년 11월까지 주택가격 중간값을 살펴봤다.

해안가 인근의 주택은 15km 이내의 주택 대비 Florida에서 58%, North Carolina에서 38%, South Carolina에서 22% 더 비쌌다. 이러한 경향은 내륙에도 반영된다. 해안에서 15km 이내에 소재한 주택은 30km 이내의 주택보다 각각 5%, 7%, 17% 높았다.

더 중요한 것은 이러한 특징이 실제 폭풍의 여파에도 크게 변하지 않았다는 것이다. 다음 차트는 Florida 해안가의 주택가격을 보여주고 있다. 그래프에 표시된 7개의 허리케인(Floyd, Irene, Charley, Frances, Jeanne, Katrina, Wilma－Irene) 중에서 Irene만 $6억 약 7,000억 원의 홍수 피해를 입

허리케인이 발생했을 때 Florida의 주택가격 변화

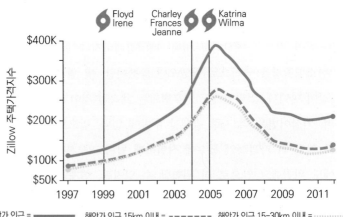

혔다. 그럼에도 불구하고, Irene이 발생한 1999년의 해안가 주택가격에는 눈에 띄는 변화나 하락이 없었다. 해안가 주택이 비 해안가의 주택보다 주택시장의 붕괴를 더 잘 견뎌냈다는 것도 별로 놀라운 일이 아니다. 해안가의 주택은 지난 10년 동안 가격 회복도 더 빨랐기 때문이다.

## 시장이 실패하면 정부가 나선다

사람들이 해안가에 살기 위해 프리미엄을 지불하는 것은 놀라운 일이 아니다. 오히려 놀라운 건, 더 위험한 주택이 더 비싸게 팔린다는 것이다. 경제학의 관점에서 이러한 현상은 시장가격이 왜곡되어 있다는 위험 신호에 해당되기 때문이다. 그것은 바로 정부의 정책 때문이다. 폭풍과 허리케인으로 주택이 손실되더라도 연방정부가 이를 보존해주고 있기 때문에, 사실상 연방정부가 해안가 주택가격을 뒷받침해주고 있는 것이다. 정부는 재난이 발생한 지역의 주택을 지속적으로 복원해주고 있다. 이는 정부재정에도 손실을 입히지만, 장기적으로 주택시장과 소비자에게도 나쁜 영향을 미친다.

정부의 구제금융은 어떻게 나오게 된 걸까? 전통적으로 시장기능이 제대로 작동하지 않는 곳은 보험시장의 영역이지만, 실제 그렇지 못했다. 문제점이 여기에 있다. 만약 보험사가 재난보험을 판매했다면, 보험 가입기간에 따라 충분한 보험료를 징수할 수 있었을 것이다. 그러나 재난보험은 건강보험이나 자동차보험과 달리, 한 번의 사건으로 모든 보험사고가 동시에 발생하므로 보험료가 곧 바닥날 수 있다. 그리고 보험사가 더 이상 보험금을 지불할 수 없게 되면, 모든 피해는 고객들에게 고스란히 돌아간다.

1965년 허리케인 Betsy 때가 그랬다. 그래서 의회는 남동부 지역에 대한 「허리케인 재난 구호법」을 통과시켰다. 이 긴급조치는 재난보험에 가입할 수 없었던 주택 소유자를 구제했는데, 당시 Lyndon Johnson 대통령이 법안에 서명하면서 말했듯이 "이런 유형의 위험에 대한 보험은 시장에서 구매할 수 없었기 때문"이다.

허리케인 Betsy 이후 의회는 구제금융을 예방하기 위해 '국가홍수보험'을 만들었다. 국가보험의 목적은 민간 보험사가 제공할 수 없는 보험상품을 제공하는 것이다. 그런데 국가홍수보험은 자연재해가 늘어나면서 민간 보험과 동일한 문제에 직면하게 된다.

예를 들어, 1969년과 2005년 사이 국가홍수보험은 실제 지급한 보험금보다 $7.6억 <sup>약 9조 원</sup> 이상을 징수했고, 2007년과 2008년도 $3.4억 이상을 더 징수했다. 그럼에도 불구하고 국가홍수보험은 현재 지급불능 상태에 있다. 왜일까?

국가홍수보험은 허리케인 Katrina 한 건으로만 $16.27억 이상을 지급해야 했고, 연방정부는 $20억 이상을 추가로 조달해야 했기 때문이다. 허리케인이 막대한 피해를 발생시켰기 때문이기도 하지만, 홍수가 발생하기 쉬운 지역에 사는 사람들조차 국가홍수보험에 가입하지 않았던 것이다.

사람들이 국가홍수보험에 가입하지 않는 몇 가지 이유가 있는데, 재해위험을 제대로 인식하지 못해서이기도 하고, 재해위험에 대한 정보가 부족하기 때문이기도 하다. 심지어 어떤 사람들은 자신이 재해가 발생할 수 있는 지역에 살고 있다는 사실 자체를 모른다. 어떤 사람들은 보험료를 감당할 수 없어 과태료를 내고 마는 경우도 있다. 일단 재난이 발생하면 정부가 나서서 막대한 손실을 배상해 줄 것이라는 도덕적 해이도 있다. 어차피 정부가 보상해 줄 텐데, 무엇 하러 보험에 가입하겠는가.

## 대홍수 시기 보험금 지급내역

| 명칭 | 시기 | 피해가구수 | 총 지급보험금 | 가구당 지급보험금 |
|------|------|-----------|--------------|------------------|
| Katrina | 2005년 8월 | 167,722 | $16,273,634,517 | $97,027 |
| Sandy | 2012년 10월 | 63,723 | $2,649,099,182 | $41,572 |
| Ike | 2008년 9월 | 46,418 | $2,664,781,987 | $57,408 |
| Irene | 2011년 8월 | 43,856 | $1,303,527,799 | $29,723 |
| Allison | 2001년 6월 | 30,663 | $1,103,877,235 | $36,000 |
| Ivan | 2004년 9월 | 27,658 | $1,590,436,206 | $57,504 |
| Floyd | 1999년 9월 | 20,437 | $462,252,753 | $22,618 |
| Isabel | 2003년 9월 | 19,869 | $493,452,308 | $24,835 |
| Irene | 1999년 10월 | 13,682 | $117,858,779 | $8,614 |
| Isaac | 2012년 8월 | 11,287 | $487,738,772 | $43,212 |
| Nor'easter | 2010년 3월 | 10,087 | $194,673,243 | $19,299 |

출처: FEMA, 2013

이런 국가홍수보험의 문제점을 해결하기 위해, 1994년 관련법 개정이 이루어졌다. 홍수위험지역에 있는 주택은 국가홍수보험에 가입되어 있는 경우만 담보대출을 받을 수 있도록 했다. 동시에 자발적인 보험가입을 늘리기 위해 보험료를 보조하기도 했다. 하지만, 이러한 방법도 결국 또 다른 도덕적 해이로 이어졌다. 일각에서는 개정된 국가홍수보험이 재해위험지역에서 계속 주택을 짓고 부수도록 만들고 있다고 비판했다. 10년에 걸쳐 여러 차례 국가홍수보험의 보험금이 지급된 주택들이 있었는데, 보험에 가입된 전체 주택의 1% 수준이긴 했지만 보험금을 수령한 주택의 30%에 해당했기 때문이다. 모든 건축비는 납세자의 세금으로 지급된다. 정부의 지원 덕분에 해안가의 주택이 환상적인 투자처가 되어버린 것이다.

여러분들이 오해하지 않으시기를 바란다. 재난으로 재산적 손실을 입은 국민들에게 재정적 지원을 제공하는 것은 국가의 의무이다. 우리는 어려운 시기에 이웃을 도울 책임이 있다. 그러나 국가홍수보험법을 개정한 목적은, 정부가 모든 자연재해에 대해 매번 수억 달러의 복구 비용을 지출하지 않도록 하는 것이었다. 사람들이 재해위험지역에서 계속 집을 짓는 것까지 지원해서는 복지프로그램이 효과적으로 운영될 수 없다.

그래서 2004년, 정부는 재해위험지역의 주택을 철거하거나 이전하도록 촉진하는 보조금 제도를 만들었고, 2012년에는 재해위험지역의 보험료를 인상해 해당 지역에 사는 것이 어렵도록 법을 개정했다. 그런데 2014년, 정부는 2012년 개정안의 상당수를 폐지하거나 연기하는 새로운 법안을 통과시켰다. 2년 사이에 무슨 일이 있었던 걸까? 복지의 혜택은 집중되었고 비용은 분산되었다. 막대한 정부 보조금을 받은 약 110만 명의 국가홍수보험 가입자들은 저항했지만, 정작 납세자인 우리는 거의 알아채지 못했다.

1967년 허리케인 Betsy가 New Orleans를 황폐화시키고 얼마 지나지 않아, Bob Dylan은 "만약 당신이 홍수에 빠진다면, 그건 당신의 잘못이 될 거예요."라고 노래했다. 그런데, 거의 반 세기가 지난 지금도 국가홍수보험은 잘잘못을 가리지 않고 해안가의 주택 소유자들에게 구제금융을 지급하고 있다.

# 재해위험지역의 주택에 대한 두 가지 의문

## 1. Katrina 이후 주택가격은 어떻게 되었을까?

Katrina는 미국 역사상 최악의 허리케인이었다. Katrina 이후 New Orleans 부동산 시장의 변화는, 재난 전후로 주택가치가 어떻게 변하는지 보여주고 있다. 폭풍 전까지 New Orleans의 평균 주택가격은 $203,000 약 2.4억 원이었다. 하지만, Katrina로부터 6개월이 지난 2006년 이 지역의 주택가격은 $222,000로 상승한다. 이걸 어떻게 이해할 수 있을까?

폭풍은 도시 인구의 상당수를 이주시켰고, 이는 주택 수요자가 감소했다는 의미이다. 수요가 감소하면 가격이 떨어져야 하지 않을까? 물론이다. 하지만, 어디까지나 공급이 동일하게 유지되는 경우에만 그렇다. Katrina 이후 부동산 공급량은 현저히 줄어들었다. 허리케인과 홍수의 피해가 가장 컸던 지역(Jefferson과 Orleans)에서는 기존 주택의 38%에 해당하는 140,000채의 주택이 파손되었다. Katrina 이후 도시에 남은 사람들이 적었음에도 불구하고, 시장에는 그 수요조차 해결할 수 있는 주택이 부족했다. 남아있는 주택 중에서 관리상태가 좋은 주택들부터 빠르게 팔려나갔다. 즉, 수요 증가와 공급 감소에 의해 가격이 상승했던 것이다.

물론, 단기 급등 이후에는 하락이 찾아왔다. 2007년 2월까지 평균 주택가격은 Katrina 이전의 중간가격 수준에도 미치지 못하는 $203,000로 하락했다. 그 시점에 New Orleans에는 원래 인구의 60% 정도만 남아 있었고, 남아있는 주택은 이미 팔린 이후라 추가 수요도 없는 상황이었다. 경제학자들이 말하는 수요와 공급의 균형이 이루어진 것이다.

《Journal of Real Estate Finance and Economics》의 리서치에 따르면, Katrina 이후 New Orleans의 주택 구매자들은 홍수로부터 보호받기 위해 기꺼이 프리미엄을 지불했다는 사실을 알 수 있다. 예를 들어, Katrina 이전에는 지대가 0.3m 높아질 때마다 주택가격이 1.4%씩 높아졌다면, Katrina 이후에는 4.6%까지 높아졌다.

🚲 미국에서 재해발생 지역으로부터 가장 멀리 떨어진 도시

## 미국에서 자연재해로부터 안전한 10대 도시

- 산불로부터 30km 이상
- 지진으로부터 30km 이상
- 토네이도로부터 30km 이상
- 허리케인으로부터 150km 이상 떨어진 지역

Astoria, OR
McMinnville, OR
Eugene, OR
North Bend, OR
Coos Bay, OR

Duluth, MN    Marquette, MI
Superior, WI    Sault Sainte Marie, MI
Escanaba, MI

출처: USGS Earthquake Hazards Program
Federal Fire Ocurrence Website
NOAA's National Weather Service

재해위험지역에서 벗어날 수 있는 몇 가지 방법이 있다. 우선, 산불, 지진, 토네이도, Katrina 같은 허리케인으로부터 멀리 떨어져 살고 싶다면, 위의 차트를 확인하기 바란다. 우리는 재해지역으로부터 가장 멀리

떨어져 있는 도시 10곳을 선정했는데, 심지어 이 도시 중 일부는 해변 근처에 있다. 조금 춥긴 하지만, Michigan주의 아름다운 Upper 반도나 Oregon주의 장엄한 해안가는 어떨까. (그냥 하는 말이지만.. Oregon은 화산으로 둘러싸여 있긴 하다.)

# 27. 대형마트가 집값에 미치는 영향

## Trader Joe's 및 Whole Foods는 어떻게 집값을 올리나

1967년 말, Joe Coulombe는 California Pasadena에 가게를 열었다. 그는 다른 가게에서 팔지 않는 상품을 구해 팔았는데, 파리 스타일의 빵, 수입 베이컨, 타히티 맥주 같은 것들이었다. 그간 구하기 어려웠던 고급 음식은 Pasadena 사람들에게 인기를 얻었다.

11년 후 미국 정반대에서 John Mackey와 Renee Lawson이 비슷한 가게를 열었다. 20대 부부였던 John과 Renee는 건강음식에 관심이 많았는데, Texas주 Austin에 천연식품 가게를 열었다. John과 Renee는 가게에서 잠을 자며 열심히 일했고, 가게는 조금씩 번창해갔다.

Trader Joe's(@Richmond bizsense), Whole Foods(@Supermaket news)

지금쯤 Joe Coulombe가 유명한 'Trader Joe's'라는 것을 아셨을 것이다. 그리고 John과 Renee의 가게 이름은 원래 'Safer way'였지만, 이사하면서 'Whole Foods'로 이름을 바꿨다. 몇십 년 후 이 두 체인은 미국에서 가장 인기 있는 슈퍼마켓이 되었다. Whole Foods와 Trader Joe's는 미국 전역에 천 개의 매장을 보유하고 있고, 특별한 상품을 선보이며 식료품 제국으로 성장했다. 하지만, 이 식료품 제국들은 상품 외에도 부동산 시장을 분석하는 데 일가견이 있었다.

4장에서 얘기했던 'Starbucks effect'를 기억할 것이다. 최근 몇 년 동안 그와 비슷한 'Whole Foods effect'에 대한 얘기가 많았다. 사람들은 Whole Foods가 부동산 시장의 '마이다스의 손'이라고 말했고, Whole Foods가 입점하는 지역이라면 부동산을 사야 한다고 말했다. Trader Joe's 역시 매장이 입점하면 그 지역 주택가격이 들썩인다고 했다. 그래서 우리는 실제 그런 효과가 있는지 분석해보기로 했다. 정말 대형마트도 주택가격에 영향을 미칠까? 데이터가 Whole Foods, Trader Joe's와 주택가격에 대해 무엇을 말해줄지 궁금했다.

Whole Foods와 Trader Joe's 매장에서 1.5km 이내에 있는 수백만 가구의 주택가격을 분석해보니, 우리는 '천연식품 효과'가 분명히 존재한다는 것을 알 수 있었다. (사실, 이 매장의 모든 제품이 모두 천연이거나 유기농인 것은 아니지만, 일단 그렇다고 하자.)

1997년과 2014년 사이, 두 식료품 체인점 근처의 주택가격은 미국의 평균 주택가격보다 높았다. 2014년 말까지 체인점에서 1.5km 이내에 있는 주택은 다른 지역 대비 두 배 이상 비쌌고, 2000년대 초반부터는 미국의 상위 주택가격보다 비싸졌다. 충분히 그럴 수 있다. Whole Foods와 Trader Joe's가 좋은 지역에만 입점한다는 평이 있기 때문이다.

시간에 따른 주택가격의 변화를 살펴보면 이 효과는 훨씬 더 크다. Whole Foods나 Trader Joe's 근처의 주택가격은 비쌀 뿐만 아니라 상승폭도 높았다. 미국 전체의 평균 주택가격은 1997년부터 2007년까지 90% 상승했다. 그러나 같은 기간, Trader Joe's 근처의 주택은 161% 상승했고, Whole Foods 역시 141% 상승했다. 주택시장 위기 이후 미국 주택가격은 전체적으로 하락했지만, 다른 지역의 주택가격이 하락할 때도 두 체인점 근처의 주택가격은 강하게 반등해 미국 전체의 주택가격 대비 2배 더 높았다.

Trader Joe's 근처의 주택가격이 Whole Foods 근처보다 비싼 이유는 무엇일까? 일반적으로는 Whole Foods가 더 고급 체인점으로 알려져 있는데 말이다. 확실히 전국적으로는 Trader Joe's 매장 근처의 주택가격이 더 비쌌다. 이것은 Trader Joe's 매장이 California주에 밀집되어 있기 때문인데, 주택시장의 위기로 California 주택시장 전체가 큰 타격을 입었기 때문이다. California에는 Trader Joe's 매장의 40%가 있는 반면, Whole Foods 매장은 10%에 불과하다. 전국 대신 대도시권역별로 나누어 살펴보면, 다른 지역에서는 Whole Foods가 Trader Joe's보다 더 비싼 지역에 입점하고 있다.

어쨌든 한 가지는 사실이다. 두 체인점 모두 고급 주거지역에 입점하며, 그 근처에 있는 주택가격은 미국 전체에 대비해 더 많이, 더 빨리 오르고 있다.

그런데, 주택가격이 Whole Foods와 Trader Joe's 때문에 오른 걸까? 그들이 주택가격이 높은 지역을 찾아서 입점한 것은 아닐까? 그래서 우리는 체인점의 입점 전후의 주택가격을 전국 평균과 비교했다. Whole Foods와 Trader Joe's가 정말 부동산 시장에서 마이다스의 손이라면, 입점 전에 비해 입점 후에 가격 상승폭이 더 높을 것이라고 예상할 수 있다.

Whole Foods가 입점하기 전, 그 지역의 주택은 주변의 다른 도시 대비 가격 상승폭이 빠르지 않았다. 하지만 Whole Foods가 문을 열자, 주택가격이 상승하기 시작했다.

Will이라는 집주인이 있다고 하자. 그의 집은 아주 좋은 동네에 있었지만, 주변의 다른 도시에 비해 집값이 쌌다. 그러다 Whole Foods가 거리 바로 아래에 매장을 연다고 발표하자 분위기가 달라졌다. 지역 뉴스가 입점 소식을 보도하고, 친구들이 Whole Foods에 대해 물어보기 시작했다. 매장이 문을 열자 주택가격이 오르기 시작했고, 2년이 지나자 도시 전체의 주택가격 대비 9%p까지 높아졌다. 아래 차트에서 Whole Foods가 입점하기 2년 전부터 입점한 후 3년이 지날 때까지 5년간의 인근 주택가격 상승률과 도시 전체의 상승률을 비교해 볼 수 있다.

🔁 Trader Joe's와 Whole Foods 인근의 주택가격 상승률

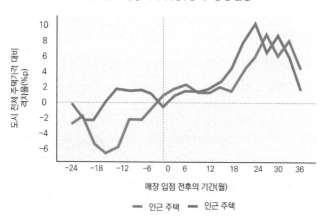

누가 더 집값을 많이 올렸을까?
Trader Joe's vs. Whole Foods

Trader Joe's 매장의 효과도 비슷했다. 비록 Whole Foods만큼은 아니었지만, 입점의 영향으로 주택가격이 상승했다는 점에서는 동일했다. Trader Joe's가 입점하고 1~2년 사이에 주택가격이 도시 평균 대비 10%p 더 높았다는 것을 알 수 있었다.

데이터는 식료품 체인점이 비싼 지역에 입점하는 것이 아니라, 반대로 지역 주택가격을 견인했다는 것을 분명히 보여준다. 오히려 그들은 도시 내에서 주택가격이 다소 낮은 지역에 입점하기도 했다. 유기농 식료품이 지역 주택가격도 상승시킨 것이다.

## 주택가격 뒤에 숨겨진 역학

집값을 상승시킨 요인은 무엇이었을까? 여기에는 두 가지 해답이 있다. 우선 Whole Foods와 Trader Joe's가 실제로 부동산 시장에 대한 분석력이 뛰어나다는 것이다. 이들도 처음부터 탁월했던 것은 아니다. Whole Foods의 공동 설립자 John Mackey는 《Washington Post》와의 인터뷰에서, 첫 매장의 위치를 고를 때 그저 재미 삼아 상가가 아닌 비어있는 주택을 렌트해 시작했다고 말했다. 하지만, 그 이후로 많은 것이 바뀌었다. 오늘날 Whole Foods는 새로운 매장이 입점할 지역을 찾기 위한 별도의 분석팀을 운영하고 있고, 웹사이트를 통해 입점 제안도 받고 있다. Whole Foods는 신규 매장의 입지에 대한 자체적인 기준도 가지고 있는데, 지역의 교육수준을 중요하게 고려하고 있는 것으로 알려져 있다.

Whole Foods가 여러분이 살고 있는 도시에 새 매장을 연다고 해보자.

Whole Foods와 중개 경험이 있는 한 부동산 중개인에 따르면, 그들의 첫 번째 후보지는 대학 교육을 받은 20만 명의 사람들이 20분 이내에 올 수 있는 곳이라고 한다. Whole Foods 대서양 중부지역 회장인 Scott Allshouse는 《Washingtonian Magazine》과의 인터뷰에서 "가장 중요한 전략 같은 것은 없다"면서 인구통계 및 지가 수준 등을 다양하게 고려한다고 말했지만, 어쨌거나 그들이 지역의 교육수준을 중요하게 고려하는 것은 분명한 것 같다.

가격이 비싸다는 평판에도 불구하고, 은행원이나 변호사같이 소득 수준이 높은 사람들만 Whole Foods를 찾는 것은 아니다. 요가 강사, 시민단체 활동가, 예술가들도 Whole Foods를 이용한다. 이러한 직업에 종사하는 사람들은 소득 수준이 높은 것은 아니지만, 높은 수준의 교육을 받은 경우가 많다. 만약 Whole Foods가 소득 수준에만 초점을 맞춘다면 상당한 고객들을 잃게 될 것이다.

Joe Coulombe 역시 Trader Joe's 초기에 비슷한 생각을 가지고 있었다. 그는 2011년 《LA Times》와의 인터뷰에서 "Trader Joe's 매장은 대부분 교육시설 근처에 있다"고 말했는데, 이 말은 곧 Trader Joe's의 주요 고객이 대학의 고학력자, 공연장의 뮤지션, 박물관의 큐레이터, 언론사의 기자들이라는 의미이다.

3장에서 도시의 가장 좋은 지역에 집을 구하는 것이 투자 측면에서는 바람직하지 않다고 말했다. 당장 좋은 지역보다 앞으로 좋아질 지역에 집을 구하는 것이 더 합리적이다. 사실, 이것도 거주민의 교육수준에 근거한 것이다. 교육수준에는 지역의 미래 모습이 반영되어 있기 때문이다. 시대를 앞서 가는 예술가, 작가들은 중산층을 유입시켜 지역

사회를 만들고, 도시를 변화시키기 때문이다.

어떤 측면에서 Whole Foods Effect는 자기실현적 예언일 수도 있다. 일종의 선순환이다. 그들은 거주민의 교육수준에 기반해 그 지역의 미래에 베팅하고, 그 지역이 일정 궤도에 오르면 다른 지역을 찾아간다. 다른 기업들은 그제서야 Whole Foods 근처에 매장을 연다. 이런 경우를 많이 목격했을 것이다. 우리 동네 Whole Foods 매장 근처에도 Chick-fil-A, Home Depot, Best Buy 같은 여러 매장이 줄지어 입점했다. 모두 Whole Foods가 입점한 이후에 들어온 매장들이다. 이렇게 변화하면 사람들은 점점 더 유입되기 시작하고, 또 그 사람들을 따라 다른 기업이 유입된다. 이렇게 부동산 가격이 치솟으면서 Whole Foods의 자기 예언이 실현되는 것이다.

이렇게 우리는, 데이터를 활용해 현재를 해석하고 미래를 예측할 수 있었다. 이것이 우리가 Zillow 서비스를 운영하는 이유이자, 이 책을 쓴 목적이다.

# 에필로그:
# 데이터를 활용해 집을 찾는 방법

이 책에서 우리는 독자들이 더 현명하게 부동산을 사고, 팔고, 렌트할 수 있는 정보를 제공하려고 했다. 물론 우리가 미래를 정확하게 예측할 수는 없다. 그것은 더 이상 경제학의 영역이 아니기 때문이다. 옛날부터 미래에 대한 무모한 예측은 셀 수 없이 많았다. 1870년대까지만 해도 전화는 의사소통의 수단으로 활용되기에 너무 단점이 많다고 했고, 1920년대에는 라디오 역시 상업적인 가치가 없다고 했다. 당시의 투자자들은 "누가 듣고 있는지도 모르는 불특정 다수를 향한 방송에 어떤 사람이 투자를 하겠냐"고 반문했다. 1970년대에도 역시, 집집마다 개인 컴퓨터가 있어야 할 이유는 없다고 했었다.

사람들의 예측은 늘 틀리는 경우가 많았다. 어느 누구도 미래에 대해 정확히 예측할 수 없으며, 미래는 우리가 예측할 수 없는 복잡한 방식으로 상호작용한다. 미국 국방장관이었던 Donald Rumsfeld가 말했던 것처럼 "이미 알고 있기 때문에 아는 것도 있고, 모르면서 안다고 착각하는 것도 있고, 알 수 없기 때문에 모르는 것도 있다." 미국 주택시장이 역사상 최악의 충격을 겪고 서서히 회복하고 있는 지금, 분명히 그렇다.

우리는 정보의 투명성이 중요하다고 생각하며, 그것을 알리고 향상시켜야 한다고 생각한다. 투자자는 직감이 아닌 데이터에 기반해 결정해야 한다. 정보가 투명하게 공개되었다고 해서, 미래까지 정확하게 예측할 수 있는 것은 아니라 해도 말이다.

주택시장에 대해 우리가 알고 있는 유일한 진실은, 시장이 계속 움직이고 있다는 것이다. 여러분들이 어느 지역, 어떤 종류의 시장에 속해 있느냐에 따라 그 움직임은 다를 것이다. 주택가치를 추정할 수 있는 모형이 나오기까지도 이미 수십 년이 걸렸다. 확실히 하루 이틀에 이룰 수 있는 일은 아니었다.

하지만, 다행인 것은 비행기가 추락하는 일은 일어나지 않을 것이라는 점이다. 우리의 시스템은 몇 년 전보다 훨씬 효율적이고 안정적이며, 투명하게 작동하고 있다. 최악의 난기류는 지나쳐 온 셈이다. 물론, 앞으로 다시 험난한 여정이 닥칠 수도 있겠지만, 안전벨트를 하고 그에 대비하면 된다.

미국 서부의 일부 지역에서 목격한 것처럼, 주택시장은 바닥을 쳤다가도 다시 가파르게 상승하면서 조정되기도 한다. 가격이 매년 20%씩 지속적으로 상승할 수는 없기 때문이다. 앞으로는 미국 경제 전반에 걸쳐 '뉴 노멀New Normal'이라는 더 느리고 안정적인 개선이 이루어질 것이다. 앞으로는 옛날처럼 사람들이 은행에 줄을 서는 성장의 시대는 오지 않을 것이다. 주택시장의 거품이 꺼지면서, 이제 신규 주택은 재정적으로 여유가 있는 사람들만 살 수 있게 되었다. 그나마 최근 몇 년은 이자율이 역사상 최저 수준에서 조금씩 상승하고 있음에도 불구하고 집을 사기에 꽤 좋은 시기였다.

## 시장에 거품이 생겼다는 경고

많은 대도시에서 주택가격은 어느 때보다 높아지고 있고, 시장에 새로운 거품이 생기고 있다. 시장의 거품은 부실자산과 낮은 이자율 두 가지에 의해 만들어지고 있다. 각 요인이 주택시장에 어떻게 작용하는지 보자.

1) 부실자산은 주택시장의 공급을 감소시킨다. 주택가치가 대출잔액보다 낮으면 집을 팔 이유가 없기 때문이다. 담보대출을 받았던 미국인의 절반은 현재 살고 있는 집을 팔아서 가격이 더 낮은 다른 집으로 이사를 갈 수 없다. 이렇게 공급이 차단되면, 주택시장은 초과수요 상태가 된다.

2) 낮은 이자율은 주택시장의 수요를 증가시킨다. 주택 구입을 위한 대출 비용이 낮을수록 수요는 늘어날 수밖에 없다. 이렇게 수요가 많은 상태에서 공급이 제한된다면, 가격은 오르고 거품은 확대될 수밖에 없다.

주택가격이 상승할 때는 이자지불능력이 중요하지 않다. 그러나 이자율이 상승하면 모든 것이 바뀐다. 이자비용이 부담되면서, 수요도 거품도 줄어들 것이다. 그리고 이미 최악의 상황은 지나갔다. 그렇다고 해서 앞으로의 10년이 순조롭다는 것은 아니지만 말이다.

누구나 살면서 자기 인생에 영향을 미칠 만큼 큰돈을 지출해야 할 때가 있다. 이런 결정을 할 때, 부디 데이터에 근거해 현명한 결정을 내리길 바란다. 어차피 미래는 정확하게 예측할 수는 없기 때문에, 오늘 수집할 수 있는 최선의 정보를 가지고 직관이 아닌 숫자로 결정해야 한다.

오늘날 많은 사람들이 이제 집을 다시 사도 되는지, 앞으로는 이런 폭락의 시기를 사전에 알 수 없는지 궁금해 한다. 우리는 이런 의문에 긍정적으로 대답한다. 부동산 시장이 가지고 있는 불안정과 불확실성의 시대가 끝나서가 아니라, 적어도 2011년보다는 많이 완화되었다고 판단하기 때문이다.

이제 새로운 시장에서, 사람들은 데이터를 활용할 것인지 직감에 의존할 것인지 선택해야 한다. 거시적 경제환경을 개인이 통제할 수는 없시만, 적어도 우리는 보다 현명하게 대처할 수 있는 준비가 되어 있으며, 또 다른 경제위기를 막을 수 있는 객관적인 판단을 할 수 있다. 개인적인 차원에서는 매도, 매수 타이밍과 담보대출의 조건을 결정할 때 데이터를 활용할 수 있으며, 국가적인 차원에서도 부동산 시장에 작용하는 힘과 요인을 파악해 몇 년 전과 같은 경제위기를 막아낼 수 있을 것이다. 이제 우리 모두 데이터에 접근할 수 있으며, 어두웠던 방에는 전등 스위치가 있다. 개인과 국가 모두 충분히 현명한 선택을 할 수 있다.

앞으로도 일부 지역시장의 변동은 계속될 수 있다. 주택시장은 은행처럼 안전한 곳이 아니기 때문이다. 하지만 앞으로 사람들은 더욱 현명하고 신중하게 거래할 것이다. 이 책에서 우리는 부동산 시장에서 발견한 새로운 규칙을 최대한 전달하고자 했다. 시장의 주체인 여러분들이 최대한 많은 정보에 기반해 현명하게 행동하시기를 바란다. 데이터가 이끄는 대로 따라가면 된다. 숫자는 거짓말을 하지 않으며, 여러분을 잘못된 길 대신 집을 향한 올바른 길로 안내할 것이다. 그 길을 Zilliow가 더 쉽게 만들어가겠다.

〈Zillow Talk〉가 출간되고 1년 동안, 많은 분들이 보내주신 응원에 감사드린다. 모든 질문에 대한 대답을 한 권의 책에 담을 수 있을 거라고 생각하지는 않았다. 사실, 우리에게 남아있는 일이 있어서 다행인지도 모른다. 데이터는 계속 축적되고 있고, 부동산 시장에 남아있는 오해와 편견도 더 남아있다. 우리는 데이터를 활용해 부동산 시장에 대한 새로운 분석을 제시할 수 있었다는 것을 자랑스럽게 생각한다. 언제나처럼 데이터가 우리를 집으로 안내할 것이다.

2016년 1월, 저자 일동

## 분석내용에 대한 참고사항

이 책의 핵심은 Zillow가 축적한 부동산 데이터로, 여기서 다룬 모든 내용을 뒷받침하고 있다. 그리고 이 데이터는 부동산 시장에 투자하거나 정책을 결정하는 데 활용될 수 있다. 수천만 명의 Zillow 이용자들은 시장의 새로운 질서를 이해하기 위해 노력하고 있으며, 동시에 우리가 살고 있는 장소에 대한 사람들의 행동, 선호 및 욕구에 대해 날카롭고 놀라운 그림을 제공해주고 있다. 그들에게 감사드리며, 계속 Zillow를 이용해주시기를 바란다.

우리의 데이터베이스는 지속적으로 업데이트 되고 개선되고 있으며, 어떤 의미에서는 살아있다고 말할 수도 있다. 미국 주택 전체의 절반 수준인 5천만 건 이상의 주택정보가 소유자 및 중개인에 의해 직접 업데이트되고 있으며, 이 책을 읽는 분들을 포함해 많은 이용자들이 일주일에 여러 차례 Zilllow 웹사이트에 접속해 서비스를 이용하는 장소, 시간, 방식으로 주택시장의 움직임을 알 수 있게 도와주고 있다.

우리 데이터베이스는 단순히 용량, 접속자수, 업데이트 빈도에서 뿐만 아니라, 미국의 거의 모든 주택이 반영되어 있다는 점에서 압도적이다. 우리는 과거 수십 년 동안의 주택가격에 대한 데이터베이스를 구축했으며, 시계열 데이터를 통해 현재 주택시장의 성과와 미래의 성과에 대해 강력한 추정이 가능하다.

우리의 데이터는 내부의 명석한 분석가들이 만들어 낸 산물이다. 그들 모두는 우리의 소중한 영웅이다.

# 추천사

"Zillow의 CEO인 Spencer Rascoff와 수석 경제학자 Stan Humphries는 데이터를 기반으로 여러 주택 문제에 대한 놀라운 답변을 제시한다. 재미있고, 쉽고, 인간적이다." 《Seattle Times》

"아주 재미있다. 가장 살기 좋은 곳은 어디일까, 어떻게 하면 내 매물을 잘 홍보할 수 있을까, 모든 것에 대한 통찰력이 가득하다." 《Daily Beast》

"재미있고 빨리 읽을 수 있지만, 유용한 정보를 넘어 부동산 시장에 대한 훌륭한 가이드북이다. 시장의 다양한 측면에 대한 지적이고 영리한 분석으로, 전문가들뿐만 아니라 우리처럼 그저 살 곳이 필요한 사람들에게도 자극이 된다." 《Publishers Weekly》

"협상 테이블에서 가격을 어떻게 제시해야 하는지, 고객과의 관계를 어떻게 시작해야 하는지 생각하게 해주는 재미있고 유익한 책이다." 《Huffington Post》

"충분한 데이터와 출처에 근거하고 있을 뿐만 아니라, 대화 방식으로 구성되어 읽기 쉽다." 《Library Journal》

"Humphries와 Rascoff는 부동산을 거래할 때, 감정 대신 데이터에 기반해 협상 과정의 고충을 줄일 수 있는 방법을 알려주고 있다." 《Atlanta Journal Constitution》

"잘 읽히면서 푹 빠져든다. 지난 몇 년 동안 출간된 부동산 서적 중 단연 최고다." (Inman.com)

"어떻게 하면 부동산으로 성공할 수 있는지 잘 안다고 생각했지만, 이 책을 읽고 나서 내가 틀렸다는 걸 알았다. 이 책은 매도인, 매수인 모두에게 게임 체인저이다." (Barbara Corcotan, 부동산 거물이자 ABC Shark Tank의 스타)

"재미있고 유익하며, 괴짜 경제학자처럼 주택시장에 대해 생각하게 한다. 주택을 보유한 사람, 보유하려는 사람 모두에게 통찰력을 제시한다." (Geekwire.com)

"Spencer는 내가 아는 가장 똑똑한 기업가 중 한 명이다. 그가 주거용 부동산 사업을 하고 있어서 참 다행이다. 그는 이 책을 통해서 주택시장에 대한 깊이 있는 지식을 전달하고 있다." (Dick Costolo, Twitter 전 최고경영자)

"이 책은 부동산 시장의 새로운 규칙에 관심이 있는 모든 사람에게 필요하다. 세계에서 가장 큰 주택 정보 온라인 데이터베이스의 창시자인 Spencer와 Stan의 저술은 Zillow만이 제공할 수 있는 풍부한 통계를 전문용어 없이 읽기 쉽게 전달한다. 부동산 중개인을 비롯한 부동산 업계 종사자, 개인투자자에게도 이 책은 필독서이다." (Dottie Herman,

Douelas Elliman 최고경영자)

"주택 매도인, 매수인뿐만 아니라, 이사를 준비 중인 세입자에게도 끊임없이 변화하는 부동산 환경을 이해할 수 있게 도와주는 재미있고 매력적인 필독서이다."(Vera Gibbons, 재무상담사)

"환상적이다. 내가 아는 모든 사람에게 추천하고 있다. Rascoff와 Humphries는 주택시장 동향에 대한 방대한 데이터베이스를 바탕으로 나 같은 주택시장 참여자들이 주택시장을 이해하는 데 필요한 정보와 데이터를 제공한다. 이 책은 주택 매도인, 매수인 모두에게 활용될 수 있는 가이드북이다. 심지어 재미있다."(Richard Florida, 〈Rise of the Creative Class, University of Toronto〉의 저자)

〈저자 소개〉

## Spencer Rascoff

Harvard University를 수석으로 졸업했으며, Goldman Sachs와 TPG Capital에 근무했다. 24세에 여행 웹사이트 Hotwire를 공동 창립하여 3년 후 Expedia에 매각했으며, 2005년 여러 Expedia 베테랑들과 Zillow를 창립했다. 《Fortune》과 《Forbes》에 의해 미국에서 가장 영향력 있는 40세 미만 CEO 중 한 명으로 선정되었다.

## Stan Humphries

Davidson College를 거쳐, Georgetown University에서 외교학 석사를 취득했고, Virginia University에서 박사를 취득했다. Expedia, NASA, Peace Corps에서 근무했으며, Zillow의 수석 경제학자로서 Zestimate의 알고리즘을 설계했다. 현재 CNBC, Bloomberg TV 및 Fox Business News에서 주택시장 전문가로 활약하고 있다.


〈역자 및 감수자 소개〉

## 오성범

건국대학교 부동산학과, 부동산대학원에서 부동산학을 전공했고, 제22회 감정평가사 시험에 합격해 태평양감정평가법인에 근무하고 있다. 부동산 자동평가모형과 감정평가 지원시스템을 개발했으며, 온라인 부동산 시세조회 서비스 랜드바이저를 운영하고 있다.

## 오민경

이화여자대학교에서 경영학을, Georgia State University를 거쳐 건국대학교에서 부동산학 박사학위를 받았다. 제9회 감정평가사 시험에 합격해 태평양감정평가법인에 근무하고 있으며, 연기금 투자, 기업 자산에 대한 감정평가 업무를 담당하고 있다. 서울벤처대학원대학교, 한양대학교에서 겸임교수를 역임하고 있다.

질로우 토크 Zillow Talk

| | |
|---|---|
| 초판발행 | 2023년 4월 24일 |
| 지은이 | Spencer Rascoff · Stan Humphries |
| 옮긴이 | 오성범 |
| 펴낸이 | 안종만 · 안상준 |
| 편 집 | 김다혜 |
| 기획/마케팅 | 장규식 |
| 표지디자인 | 이영경 |
| 제 작 | 고철민 · 조영환 |
| 펴낸곳 | (주) 박영사 |
| | 서울특별시 금천구 가산디지털2로 53, 210호 |
| | (가산동, 한라시그마밸리) |
| | 등록 1959. 3. 11. 제300-1959-1호(倫) |
| 전 화 | 02)733-6771 |
| f a x | 02)736-4818 |
| e-mail | pys@pybook.co.kr |
| homepage | www.pybook.co.kr |
| ISBN | 979-11-303-1575-1 93320 |

* 파본은 구입하신 곳에서 교환해 드립니다. 본서의 무단복제행위를 금합니다.
* 역자와 협의하여 인지첩부를 생략합니다.

정 가     17,000원